MALEIS
WOORDENSCHAT

THEMATISCHE WOORDENLIJST

NEDERLANDS MALEIS

De meest bruikbare woorden
Om uw woordenschat uit te breiden en
uw taalvaardigheid aan te scherpen

5000 woorden

Thematische woordenschat Nederlands-Maleis - 5000 woorden
Door Andrey Taranov, Victor Pogadaev

Woordenlijsten van T&P Books zijn bedoeld om u woorden van een vreemde taal te helpen leren, onthouden, en bestudering. Dit woordenboek is ingedeeld in thema's en behandelt alle belangrijk terreinen van het dagelijkse leven, bedrijven, wetenschap, cultuur, etc.

Het proces van het leren van woorden met behulp van de op thema's gebaseerde aanpak van T&P Books biedt u de volgende voordelen:

- Correct gegroepeerde informatie is bepalend voor succes bij opeenvolgende stadia van het leren van woorden
- De beschikbaarheid van woorden die van dezelfde stam zijn maakt het mogelijk om woordgroepen te onthouden (in plaats van losse woorden)
- Kleine groepen van woorden faciliteren het proces van het aanmaken van associatieve verbindingen, die nodig zijn bij het consolideren van de woordenschat
- Het niveau van talenkennis kan worden ingeschat door het aantal geleerde woorden

Copyright © 2019 T&P Books Publishing

Alle rechten voorbehouden. Niets uit deze uitgave mag worden verveelvoudigd, opgeslagen in een geautomatiseerd gegevensbestand en/of openbaar gemaakt in enige vorm of op enige wijze, hetzij elektronisch, mechanisch, door fotokopieën, opnamen of op enige andere manier zonder voorafgaande schriftelijke toestemming van de uitgever. U mag dit boek niet verspreiden in welk formaat dan ook.

T&P Books Publishing
www.tpbooks.com

ISBN: 978-1-78492-349-5

Dit boek is ook beschikbaar in e-boek formaat.
Gelieve www.tpbooks.com te bezoeken of de belangrijkste online boekwinkels.

MALEISE WOORDENSCHAT
nieuwe woorden leren

T&P Books woordenlijsten zijn bedoeld om u te helpen vreemde woorden te leren, te onthouden, en te bestuderen. De woordenschat bevat meer dan 5000 veel gebruikte woorden die thematisch geordend zijn.

- De woordenlijst bevat de meest gebruikte woorden
- Aanbevolen als aanvulling bij welke taalcursus dan ook
- Voldoet aan de behoeften van de beginnende en gevorderde student in vreemde talen
- Geschikt voor dagelijks gebruik, bestudering en zelftestactiviteiten
- Maakt het mogelijk om uw woordenschat te evalueren

Bijzondere kenmerken van de woordenschat

- De woorden zijn gerangschikt naar hun betekenis, niet volgens alfabet
- De woorden worden weergegeven in drie kolommen om bestudering en zelftesten te vergemakkelijken
- Woorden in groepen worden verdeeld in kleine blokken om het leerproces te vergemakkelijken
- De woordenschat biedt een handige en eenvoudige beschrijving van elk buitenlands woord

De woordenschat bevat 155 onderwerpen zoals:

Basisconcepten, getallen, kleuren, maanden, seizoenen, meeteenheden, kleding en accessoires, eten & voeding, restaurant, familieleden, verwanten, karakter, gevoelens, emoties, ziekten, stad, dorp, bezienswaardigheden, winkelen, geld, huis, thuis, kantoor, werken op kantoor, import & export, marketing, werk zoeken, sport, onderwijs, computer, internet, gereedschap, natuur, landen, nationaliteiten en meer ...

INHOUDSOPGAVE

Uitspraakgids	9
Afkortingen	10

BASISBEGRIPPEN 11
Basisbegrippen Deel 1 11

1.	Voornaamwoorden	11
2.	Begroetingen. Begroetingen. Afscheid	11
3.	Hoe aan te spreken	12
4.	Kardinale getallen. Deel 1	12
5.	Kardinale getallen. Deel 2	13
6.	Ordinale getallen	14
7.	Getallen. Breuken	14
8.	Getallen. Eenvoudige berekeningen	14
9.	Getallen. Diversen	14
10.	De belangrijkste werkwoorden. Deel 1	15
11.	De belangrijkste werkwoorden. Deel 2	16
12.	De belangrijkste werkwoorden. Deel 3	17
13.	De belangrijkste werkwoorden. Deel 4	18
14.	Kleuren	19
15.	Vragen	19
16.	Voorzetsels	20
17.	Functiewoorden. Bijwoorden. Deel 1	20
18.	Functiewoorden. Bijwoorden. Deel 2	22

Basisbegrippen Deel 2 24

19.	Dagen van de week	24
20.	Uren. Dag en nacht	24
21.	Maanden. Seizoenen	25
22.	Meeteenheden	27
23.	Containers	28

MENS 29
Mens. Het lichaam 29

24.	Hoofd	29
25.	Menselijk lichaam	30

Kleding en accessoires 31

26.	Bovenkleding. Jassen	31
27.	Heren & dames kleding	31

28. Kleding. Ondergoed	32
29. Hoofddeksels	32
30. Schoeisel	32
31. Persoonlijke accessoires	33
32. Kleding. Diversen	33
33. Persoonlijke verzorging. Schoonheidsmiddelen	34
34. Horloges. Klokken	35

Voedsel. Voeding 36

35. Voedsel	36
36. Drankjes	37
37. Groenten	38
38. Vruchten. Noten	39
39. Brood. Snoep	40
40. Bereide gerechten	40
41. Kruiden	41
42. Maaltijden	42
43. Tafelschikking	43
44. Restaurant	43

Familie, verwanten en vrienden 44

45. Persoonlijke informatie. Formulieren	44
46. Familieleden. Verwanten	44

Geneeskunde 46

47. Ziekten	46
48. Symptomen. Behandelingen. Deel 1	47
49. Symptomen. Behandelingen. Deel 2	48
50. Symptomen. Behandelingen. Deel 3	49
51. Artsen	50
52. Geneeskunde. Medicijnen. Accessoires	50

HET MENSELIJKE LEEFGEBIED 52
Stad 52

53. Stad. Het leven in de stad	52
54. Stedelijke instellingen	53
55. Borden	54
56. Stedelijk vervoer	55
57. Bezienswaardigheden	56
58. Winkelen	57
59. Geld	58
60. Post. Postkantoor	59

Woning. Huis. Thuis 60

61. Huis. Elektriciteit	60

62. Villa. Herenhuis	60
63. Appartement	60
64. Meubels. Interieur	61
65. Beddengoed	62
66. Keuken	62
67. Badkamer	63
68. Huishoudelijke apparaten	64

MENSELIJKE ACTIVITEITEN

Baan. Business. Deel 1 — 65 / 65

69. Kantoor. Op kantoor werken	65
70. Bedrijfsprocessen. Deel 1	66
71. Bedrijfsprocessen. Deel 2	67
72. Productie. Werken	68
73. Contract. Overeenstemming	69
74. Import & Export	70
75. Financiën	70
76. Marketing	71
77. Reclame	72
78. Bankieren	72
79. Telefoon. Telefoongesprek	73
80. Mobiele telefoon	74
81. Schrijfbehoeften	74
82. Soorten bedrijven	75

Baan. Business. Deel 2 — 77

83. Show. Tentoonstelling	77
84. Wetenschap. Onderzoek. Wetenschappers	78

Beroepen en ambachten — 80

85. Zoeken naar werk. Ontslag	80
86. Zakenmensen	80
87. Dienstverlenende beroepen	81
88. Militaire beroepen en rangen	82
89. Ambtenaren. Priesters	83
90. Agrarische beroepen	83
91. Kunst beroepen	84
92. Verschillende beroepen	84
93. Beroepen. Sociale status	86

Onderwijs — 87

94. School	87
95. Hogeschool. Universiteit	88
96. Wetenschappen. Disciplines	89
97. Schrift. Spelling	89
98. Vreemde talen	90

| Rusten. Entertainment. Reizen | 92 |

| 99. Trip. Reizen | 92 |
| 100. Hotel | 92 |

TECHNISCHE APPARATUUR. VERVOER — 94
Technische apparatuur — 94

101. Computer	94
102. Internet. E-mail	95
103. Elektriciteit	96
104. Gereedschappen	96

Vervoer — 99

105. Vliegtuig	99
106. Trein	100
107. Schip	101
108. Vliegveld	102

Gebeurtenissen in het leven — 104

109. Vakanties. Evenement	104
110. Begrafenissen. Begrafenis	105
111. Oorlog. Soldaten	105
112. Oorlog. Militaire acties. Deel 1	106
113. Oorlog. Militaire acties. Deel 2	108
114. Wapens	109
115. Oude mensen	111
116. Middeleeuwen	111
117. Leider. Baas. Autoriteiten	113
118. De wet overtreden. Criminelen. Deel 1	114
119. De wet overtreden. Criminelen. Deel 2	115
120. Politie. Wet. Deel 1	116
121. Politie. Wet. Deel 2	117

NATUUR — 119
De Aarde. Deel 1 — 119

122. De kosmische ruimte	119
123. De Aarde	120
124. Windrichtingen	121
125. Zee. Oceaan	121
126. Namen van zeeën en oceanen	122
127. Bergen	123
128. Bergen namen	124
129. Rivieren	124
130. Namen van rivieren	125
131. Bos	125
132. Natuurlijke hulpbronnen	126

De Aarde. Deel 2 — 128

133. Weer — 128
134. Zwaar weer. Natuurrampen — 129

Fauna — 130

135. Zoogdieren. Roofdieren — 130
136. Wilde dieren — 130
137. Huisdieren — 131
138. Vogels — 132
139. Vis. Zeedieren — 134
140. Amfibieën. Reptielen — 134
141. Insecten — 135

Flora — 136

142. Bomen — 136
143. Heesters — 136
144. Vruchten. Bessen — 137
145. Bloemen. Planten — 138
146. Granen, graankorrels — 139

LANDEN. NATIONALITEITEN — 140

147. West-Europa — 140
148. Centraal- en Oost-Europa — 140
149. Voormalige USSR landen — 141
150. Azië — 141
151. Noord-Amerika — 142
152. Midden- en Zuid-Amerika — 142
153. Afrika — 143
154. Australië. Oceanië — 143
155. Steden — 143

UITSPRAAKGIDS

T&P fonetisch alfabet	Maleis voorbeeld	Nederlands voorbeeld

Klinkers

[a]	naskhah [naskah]	acht
[e]	lebar [lebar]	delen, spreken
[ɛ]	teman [tɛman]	elf, zwembad
[i]	lidah [lidah]	bidden, tint
[o]	blok [blok]	overeenkomst
[u]	kebun [kɛbun]	hoed, doe

Medeklinkers

[b]	burung [buruŋ]	hebben
[d]	dunia [dunia]	Dank u, honderd
[dʒ]	panjang [pandʒaŋ]	jeans, jungle
[f]	platform [platform]	feestdag, informeren
[g]	granit [granit]	goal, tango
[ɣ]	spaghetti [spaɣeti]	liegen, gaan
[j]	layar [lajar]	New York, januari
[h]	matahari [matahari]	het, herhalen
[k]	mekanik [mekanik]	kennen, kleur
[l]	lelaki [lɛlaki]	delen, luchter
[m]	memukul [mɛmukul]	morgen, etmaal
[n]	nenek [nenek]	nemen, zonder
[ŋ]	gunung [gunuŋ]	optelling, jongeman
[p]	pemuda [pɛmuda]	parallel, koper
[r]	rakyat [rakjat]	roepen, breken
[s]	sembuh [sɛmbuh]	spreken, kosten
[ʃ]	champagne [ʃampejn]	shampoo, machine
[t]	matematik [matɛmatik]	tomaat, taart
[x]	akhirat [axirat]	licht, school
[tʃ]	cacing [tʃatʃiŋ]	Tsjechië, cello
[ɕ]	syurga [ɕurga]	Chicago, jasje
[v]	Taiwan [tajvan]	beloven, schrijven
[z]	zuriat [zuriat]	zeven, zesde
[w]	penguasa [pɛŋwasa]	twee, willen

AFKORTINGEN
gebruikt in de woordenschat

Nederlandse afkortingen

abn	-	als bijvoeglijk naamwoord
bijv.	-	bijvoorbeeld
bn	-	bijvoeglijk naamwoord
bw	-	bijwoord
enk.	-	enkelvoud
enz.	-	enzovoort
form.	-	formele taal
inform.	-	informele taal
mann.	-	mannelijk
mil.	-	militair
mv.	-	meervoud
on.ww.	-	onovergankelijk werkwoord
ontelb.	-	ontelbaar
ov.	-	over
ov.ww.	-	overgankelijk werkwoord
telb.	-	telbaar
vn	-	voornaamwoord
vrouw.	-	vrouwelijk
vw	-	voegwoord
vz	-	voorzetsel
wisk.	-	wiskunde
ww	-	werkwoord

Nederlandse artikelen

de	-	gemeenschappelijk geslacht
de/het	-	gemeenschappelijk geslacht, onzijdig
het	-	onzijdig

BASISBEGRIPPEN

Basisbegrippen Deel 1

1. Voornaamwoorden

ik	saya, aku	[saja], [aku]
jij, je	awak	[avak]
hij, zij, het	dia, ia	[dia], [ia]
wij, we	kami, kita	[kami], [kita]
jullie	kamu	[kamu]
U (form., enk.)	anda	[anda]
U (form., mv.)	anda	[anda]
zij, ze (levenloos)	ia	[ia]
zij, ze (levend)	mereka	[mɛreka]

2. Begroetingen. Begroetingen. Afscheid

Hallo! Dag!	Helo!	[helo]
Hallo!	Helo!	[helo]
Goedemorgen!	Selamat pagi!	[sɛlamat pagi]
Goedemiddag!	Selamat petang!	[sɛlamat pɛtaŋ]
Goedenavond!	Selamat petang!	[sɛlamat pɛtaŋ]
gedag zeggen (groeten)	bersapa	[bɛrsapa]
Hoi!	Hai!	[haj]
groeten (het)	sambutan	[sambutan]
verwelkomen (ww)	menyambut	[mɛnjambut]
Hoe gaat het?	Apa khabar?	[apa kabar]
Is er nog nieuws?	Apa yang baru?	[apa jaŋ baru]
Dag! Tot ziens!	Sampai jumpa lagi!	[sampaj dʒumpa lagi]
Tot snel! Tot ziens!	Sampai jumpa lagi!	[sampaj dʒumpa lagi]
Vaarwel!	Selamat tinggal!	[sɛlamat tiŋgal]
afscheid nemen (ww)	minta diri	[minta diri]
Tot kijk!	Jumpa lagi!	[dʒumpa lagi]
Dank u!	Terima kasih!	[tɛrima kasih]
Dank u wel!	Terima kasih banyak!	[tɛrima kasih banjak]
Graag gedaan	Sama-sama	[sama sama]
Geen dank!	Sama-sama!	[sama sama]
Geen moeite.	Sama-sama	[sama sama]
Excuseer me, ... (inform.)	Maaf!	[maaf]
Excuseer me, ... (form.)	Minta maaf!	[minta maaf]

excuseren (verontschuldigen)	memaafkan	[mɛmaafkan]
zich verontschuldigen	minta maaf	[minta maaf]
Mijn excuses.	Maafkan saya	[maafkan saja]
Het spijt me!	Maaf!	[maaf]
vergeven (ww)	memaafkan	[mɛmaafkan]
Maakt niet uit!	Tidak apa-apa!	[tidak apa apa]
alsjeblieft	sila, tolong	[sila], [tolon]
Vergeet het niet!	Jangan lupa!	[dʒaɲan lupa]
Natuurlijk!	Tentu!	[tɛntu]
Natuurlijk niet!	Tentu tidak!	[tɛntu tidak]
Akkoord!	Setuju!	[sɛtudʒu]
Zo is het genoeg!	Cukuplah!	[tʃukuplah]

3. Hoe aan te spreken

Excuseer me, ...	Minta maaf!	[minta maaf]
meneer	tuan	[tuan]
mevrouw	puan	[puan]
juffrouw	gadis, cik	[gadis], [tʃik]
jongeman	orang muda	[oraŋ muda]
jongen	budak lelaki	[budak lɛlaki]
meisje	gadis kecil	[gadis kɛtʃil]

4. Kardinale getallen. Deel 1

nul	sifar	[sifar]
een	satu	[satu]
twee	dua	[dua]
drie	tiga	[tiga]
vier	empat	[ɛmpat]
vijf	lima	[lima]
zes	enam	[ɛnam]
zeven	tujuh	[tudʒuh]
acht	lapan	[lapan]
negen	sembilan	[sɛmbilan]
tien	sepuluh	[sɛpuluh]
elf	sebelas	[sɛblas]
twaalf	dua belas	[dua blas]
dertien	tiga belas	[tiga blas]
veertien	empat belas	[ɛmpat blas]
vijftien	lima belas	[lima blas]
zestien	enam belas	[ɛnam blas]
zeventien	tujuh belas	[tudʒuh blas]
achttien	lapan belas	[lapan blas]
negentien	sembilan belas	[sɛmbilan blas]
twintig	dua puluh	[dua puluh]
eenentwintig	dua puluh satu	[dua puluh satu]

tweeëntwintig	dua puluh dua	[dua puluh dua]
drieëntwintig	dua puluh tiga	[dua puluh tiga]
dertig	tiga puluh	[tiga puluh]
eenendertig	tiga puluh satu	[tiga puluh satu]
tweeëndertig	tiga puluh dua	[tiga puluh dua]
drieëndertig	tiga puluh tiga	[tiga puluh tiga]
veertig	empat puluh	[ɛmpat puluh]
eenenveertig	empat puluh satu	[ɛmpat puluh satu]
tweeënveertig	empat puluh dua	[ɛmpat puluh dua]
drieënveertig	empat puluh tiga	[ɛmpat puluh tiga]
vijftig	lima puluh	[lima puluh]
eenenvijftig	lima puluh satu	[lima puluh satu]
tweeënvijftig	lima puluh dua	[lima puluh dua]
drieënvijftig	lima puluh tiga	[lima puluh tiga]
zestig	enam puluh	[ɛnam puluh]
eenenzestig	enam puluh satu	[ɛnam puluh satu]
tweeënzestig	enam puluh dua	[ɛnam puluh dua]
drieënzestig	enam puluh tiga	[ɛnam puluh tiga]
zeventig	tujuh puluh	[tudʒuh puluh]
eenenzeventig	tujuh puluh satu	[tudʒuh puluh satu]
tweeënzeventig	tujuh puluh dua	[tudʒuh puluh dua]
drieënzeventig	tujuh puluh tiga	[tudʒuh puluh tiga]
tachtig	lapan puluh	[lapan puluh]
eenentachtig	lapan puluh satu	[lapan puluh satu]
tweeëntachtig	lapan puluh dua	[lapan puluh dua]
drieëntachtig	lapan puluh tiga	[lapan puluh tiga]
negentig	sembilan puluh	[sɛmbilan puluh]
eenennegentig	sembulan puluh satu	[sɛmbulan puluh satu]
tweeënnegentig	sembilan puluh dua	[sɛmbilan puluh dua]
drieënnegentig	sembilan puluh tiga	[sɛembilan puluh tiga]

5. Kardinale getallen. Deel 2

honderd	seratus	[sɛratus]
tweehonderd	dua ratus	[dua ratus]
driehonderd	tiga ratus	[tiga ratus]
vierhonderd	empat ratus	[ɛmpat ratus]
vijfhonderd	lima ratus	[lima ratus]
zeshonderd	enam ratus	[ɛnam ratus]
zevenhonderd	tujuh ratus	[tudʒuh ratus]
achthonderd	lapan ratus	[lapan ratus]
negenhonderd	sembilan ratus	[sɛmbilan ratus]
duizend	seribu	[sɛribu]
tweeduizend	dua ribu	[dua ribu]
drieduizend	tiga ribu	[tiga ribu]

tienduizend | sepuluh ribu | [sɛpuluh ribu]
honderdduizend | seratus ribu | [sɛratus ribu]
miljoen (het) | juta | [dʒuta]
miljard (het) | billion | [billion]

6. Ordinale getallen

eerste (bn) | pertama | [pɛrtama]
tweede (bn) | kedua | [kɛdua]
derde (bn) | ketiga | [kɛtiga]
vierde (bn) | keempat | [kɛɛmpat]
vijfde (bn) | kelima | [kɛlima]

zesde (bn) | keenam | [kɛɛnam]
zevende (bn) | ketujuh | [kɛtudʒuh]
achtste (bn) | kelapan | [kɛlapan]
negende (bn) | kesembilan | [kɛsɛmbilan]
tiende (bn) | kesepuluh | [kɛsɛpuluh]

7. Getallen. Breuken

breukgetal (het) | pecahan | [pɛtʃahan]
half | seperdua | [sɛpɛrdua]
een derde | sepertiga | [sɛpɛrtiga]
kwart | seperempat | [sɛpɛrɛmpat]

een achtste | seperlapan | [sɛpɛrlapan]
een tiende | sepersepuluh | [sɛpɛrsɛpuluh]
twee derde | dua pertiga | [dua pɛrtiga]
driekwart | tiga suku | [tiga suku]

8. Getallen. Eenvoudige berekeningen

aftrekking (de) | kira-kira tolak | [kira kira tolak]
aftrekken (ww) | tolak | [tolak]
deling (de) | pembahagian | [pɛmbahagian]
delen (ww) | membahagi | [mɛmbahagi]
optelling (de) | campuran | [tʃampuran]
erbij optellen | mencampurkan | [mɛntʃampurkan]
(bij elkaar voegen)

optellen (ww) | menambah | [mɛnambah]
vermenigvuldiging (de) | pendaraban | [pɛndaraban]
vermenigvuldigen (ww) | mengalikan | [mɛŋalikan]

9. Getallen. Diversen

cijfer (het) | angka | [aŋka]
nummer (het) | nombor | [nombor]

telwoord (het)	kata bilangan	[kata bilaŋan]
minteken (het)	minus	[minus]
plusteken (het)	plus	[plus]
formule (de)	formula, rumus	[formula], [rumus]
berekening (de)	penghitungan	[pɛŋyituŋan]
tellen (ww)	menghitung	[mɛŋyituŋ]
bijrekenen (ww)	menghitung	[mɛŋyituŋ]
vergelijken (ww)	membandingkan	[mɛmbandiŋkan]
Hoeveel?	Berapa?	[brapa]
som (de), totaal (het)	jumlah	[dʒumlah]
uitkomst (de)	hasil	[hasil]
rest (de)	sisa, baki	[sisa], [baki]
enkele (bijv. ~ minuten)	beberapa	[bɛbrapa]
weinig (bw)	sedikit	[sɛdikit]
restant (het)	bakinya	[bakinja]
anderhalf	satu setengah	[satu sɛtɛŋah]
dozijn (het)	dozen	[dozen]
middendoor (bw)	dua	[dua]
even (bw)	rata	[rata]
helft (de)	setengah	[sɛtɛŋah]
keer (de)	kali	[kali]

10. De belangrijkste werkwoorden. Deel 1

aanbevelen (ww)	menasihatkan	[mɛnasihatkan]
aandringen (ww)	mendesak	[mɛndɛsak]
aankomen (per auto, enz.)	datang	[dataŋ]
aanraken (ww)	menyentuh	[mɛnjentuh]
adviseren (ww)	menasihatkan	[mɛnasihatkan]
afdalen (on.ww.)	turun	[turun]
afslaan (naar rechts ~)	membelok	[mɛmblok]
antwoorden (ww)	menjawab	[mɛndʒavab]
bang zijn (ww)	takut	[takut]
bedreigen (bijv. met een pistool)	mengugut	[mɛŋugut]
bedriegen (ww)	menipu	[mɛnipu]
beëindigen (ww)	menamatkan	[mɛnamatkan]
beginnen (ww)	memulakan	[mɛmulakan]
begrijpen (ww)	memahami	[mɛmahami]
beheren (managen)	memimpin	[mɛmimpin]
beledigen (met scheldwoorden)	menghina	[mɛŋyina]
beloven (ww)	menjanji	[mɛndʒandʒi]
bereiden (koken)	memasak	[mɛmasak]
bespreken (spreken over)	membincangkan	[mɛmbintʃaŋkan]
bestellen (eten ~)	menempah	[mɛnɛmpah]
bestraffen (een stout kind ~)	menghukum	[mɛŋyukum]

betalen (ww)	membayar	[mɛmbajar]
betekenen (beduiden)	bererti	[bɛrɛrti]
betreuren (ww)	terkilan	[tɛrkilan]

bevallen (prettig vinden)	suka	[suka]
bevelen (mil.)	memerintah	[mɛmɛrintah]
bevrijden (stad, enz.)	membebaskan	[mɛmbebaskan]
bewaren (ww)	menyimpan	[mɛnjimpan]
bezitten (ww)	memiliki	[mɛmiliki]

bidden (praten met God)	bersembahyang	[bɛrsɛmbaɦjaŋ]
binnengaan (een kamer ~)	masuk	[masuk]
breken (ww)	memecahkan	[mɛmɛtʃahkan]
controleren (ww)	mengawal	[mɛŋaval]
creëren (ww)	menciptakan	[mɛntʃiptakan]

deelnemen (ww)	menyertai	[mɛnjertai]
denken (ww)	berfikir	[bɛrfikir]
doden (ww)	membunuh	[mɛmbunuh]
doen (ww)	membuat	[mɛmbuat]
dorst hebben (ww)	haus	[haus]

11. De belangrijkste werkwoorden. Deel 2

een hint geven	memberi bayangan	[mɛmbri bajaŋan]
eisen (met klem vragen)	menuntut	[mɛnuntut]
excuseren (vergeven)	memaafkan	[mɛmaafkan]
existeren (bestaan)	wujud	[vudʒud]
gaan (te voet)	berjalan	[bɛrdʒalan]

gaan zitten (ww)	duduk	[duduk]
gaan zwemmen	mandi	[mandi]
geven (ww)	memberi	[mɛmbri]
glimlachen (ww)	senyum	[sɛnjum]
goed raden (ww)	meneka	[mɛnɛka]

grappen maken (ww)	berjenaka	[bɛrdʒɛnaka]
graven (ww)	menggali	[mɛŋgali]

hebben (ww)	mempunyai	[mɛmpunjai]
helpen (ww)	membantu	[mɛmbantu]
herhalen (opnieuw zeggen)	mengulang	[mɛŋulaŋ]
honger hebben (ww)	lapar	[lapar]

hopen (ww)	harap	[harap]
horen (waarnemen met het oor)	mendengar	[mɛndɛŋar]
huilen (wenen)	menangis	[mɛnaŋis]
huren (huis, kamer)	menyewa	[mɛnjeva]
informeren (informatie geven)	memberitahu	[mɛmbritahu]
instemmen (akkoord gaan)	setuju	[sɛtudʒu]
jagen (ww)	memburu	[mɛmburu]
kennen (kennis hebben van iemand)	kenal	[kɛnal]

| kiezen (ww) | memilih | [mɛmilih] |
| klagen (ww) | mengadu | [mɛŋadu] |

kosten (ww)	berharga	[bɛrharga]
kunnen (ww)	boleh	[bole]
lachen (ww)	ketawa	[kɛtava]
laten vallen (ww)	tercicir	[tɛrtʃitʃir]
lezen (ww)	membaca	[mɛmbatʃa]

liefhebben (ww)	mencintai	[mɛntʃintai]
lunchen (ww)	makan tengah hari	[makan tɛŋah hari]
nemen (ww)	mengambil	[mɛŋambil]
nodig zijn (ww)	diperlukan	[dipɛrlukan]

12. De belangrijkste werkwoorden. Deel 3

onderschatten (ww)	memperkecilkan	[mɛmpɛrkɛtʃilkan]
ondertekenen (ww)	menandatangani	[mɛnandataŋani]
ontbijten (ww)	makan pagi	[makan pagi]
openen (ww)	membuka	[mɛmbuka]
ophouden (ww)	memberhentikan	[mɛmbɛrhɛntikan]
opmerken (zien)	memerhatikan	[mɛmɛrhatikan]

opscheppen (ww)	bercakap besar	[bɛrtʃakap bɛsar]
opschrijven (ww)	mencatat	[mɛntʃatat]
plannen (ww)	merancang	[mɛrantʃaŋ]
prefereren (verkiezen)	lebih suka	[lɛbih suka]
proberen (trachten)	mencuba	[mɛntʃuba]
redden (ww)	menyelamatkan	[mɛnjelamatkan]

rekenen op ...	mengharapkan	[mɛŋɣarapkan]
rennen (ww)	lari	[lari]
reserveren (een hotelkamer ~)	menempah	[mɛnɛmpah]

roepen (om hulp)	memanggil	[mɛmaŋgil]
schieten (ww)	menembak	[mɛnɛmbak]
schreeuwen (ww)	berteriak	[bɛrtɛriak]

schrijven (ww)	menulis	[mɛnulis]
souperen (ww)	makan malam	[makan malam]
spelen (kinderen)	bermain	[bɛrmajn]
spreken (ww)	bercakap	[bɛrtʃakap]
stelen (ww)	mencuri	[mɛntʃuri]
stoppen (pauzeren)	berhenti	[bɛrhɛnti]

studeren (Nederlands ~)	mempelajari	[mɛmpɛladʒari]
sturen (zenden)	mengirim	[mɛŋirim]
tellen (optellen)	menghitung	[mɛŋɣituŋ]
toebehoren aan ...	kepunyaan	[kɛpunjaan]
toestaan (ww)	mengizinkan	[mɛnjiziŋkan]
tonen (ww)	menunjukkan	[mɛnundʒukkan]

| twijfelen (onzeker zijn) | ragu-ragu | [ragu ragu] |
| uitgaan (ww) | keluar | [kɛluar] |

uitnodigen (ww)	menjemput	[mɛndʒɛmput]
uitspreken (ww)	menyebut	[mɛnjebut]
uitvaren tegen (ww)	memarahi	[mɛmarahi]

13. De belangrijkste werkwoorden. Deel 4

vallen (ww)	jatuh	[dʒatuh]
vangen (ww)	menangkap	[mɛnaŋkap]
veranderen (anders maken)	mengubah	[mɛŋubah]
verbaasd zijn (ww)	hairan	[hajran]
verbergen (ww)	menyorokkan	[mɛnjorokkan]
verdedigen (je land ~)	membela	[mɛmbɛla]
verenigen (ww)	menyatukan	[mɛnjatukan]
vergelijken (ww)	membandingkan	[mɛmbandiŋkan]
vergeten (ww)	melupakan	[mɛlupakan]
vergeven (ww)	memaafkan	[mɛmaafkan]
verklaren (uitleggen)	menjelaskan	[mɛndʒɛlaskan]
verkopen (per stuk ~)	menjual	[mɛndʒual]
vermelden (praten over)	menyebut	[mɛnjebut]
versieren (decoreren)	menghiasi	[mɛŋɣiasi]
vertalen (ww)	menterjemahkan	[mɛntɛrdʒɛmahkan]
vertrouwen (ww)	mempercayai	[mɛmpɛrtʃajai]
vervolgen (ww)	meneruskan	[mɛnɛruskan]
verwarren (met elkaar ~)	mengelirukan	[mɛŋɛlirukan]
verzoeken (ww)	meminta	[mɛminta]
verzuimen (school, enz.)	meninggalkan	[mɛniŋgalkan]
vinden (ww)	menemui	[mɛnɛmui]
vliegen (ww)	terbang	[tɛrbaŋ]
volgen (ww)	mengikuti	[mɛŋikuti]
voorstellen (ww)	mencadangkan	[mɛntʃadaŋkan]
voorzien (verwachten)	menjangkakan	[mɛndʒaŋkakan]
vragen (ww)	menyoal	[mɛnjoal]
waarnemen (ww)	menyaksikan	[mɛnjaksikan]
waarschuwen (ww)	memperingati	[mɛmpɛriŋati]
wachten (ww)	menunggu	[mɛnuŋgu]
weerspreken (ww)	membantah	[mɛmbantah]
weigeren (ww)	menolak	[mɛnolak]
werken (ww)	bekerja	[bɛkɛrdʒa]
weten (ww)	tahu	[tahu]
willen (verlangen)	mahu, hendak	[mahu], [hɛndak]
zeggen (ww)	berkata	[bɛrkata]
zich haasten (ww)	tergesa-gesa	[tɛrgɛsa gɛsa]
zich interesseren voor ...	menaruh minat	[mɛnaruh minat]
zich vergissen (ww)	salah	[salah]
zich verontschuldigen	minta maaf	[minta maaf]
zien (ww)	melihat	[mɛlihat]
zijn (leraar ~)	ialah	[ialah]

zijn (op dieet ~)	sedang	[sɛdaŋ]
zoeken (ww)	mencari	[mɛntʃari]
zwemmen (ww)	berenang	[bɛrɛnaŋ]
zwijgen (ww)	diam	[diam]

14. Kleuren

kleur (de)	warna	[varna]
tint (de)	sisip warna	[sisip varna]
kleurnuance (de)	warna	[varna]
regenboog (de)	pelangi	[pɛlaɲi]
wit (bn)	putih	[putih]
zwart (bn)	hitam	[hitam]
grijs (bn)	abu-abu	[abu abu]
groen (bn)	hijau	[hidʒau]
geel (bn)	kuning	[kuniŋ]
rood (bn)	merah	[merah]
blauw (bn)	biru	[biru]
lichtblauw (bn)	biru muda	[biru muda]
roze (bn)	merah jambu	[merah dʒambu]
oranje (bn)	oren, jingga	[oren], [dʒiŋga]
violet (bn)	ungu	[uɲu]
bruin (bn)	coklat	[tʃoklat]
goud (bn)	emas	[ɛmas]
zilverkleurig (bn)	keperak-perakan	[kɛperak perakan]
beige (bn)	kuning air	[kuniŋ air]
roomkleurig (bn)	putih kuning	[putih kuniŋ]
turkoois (bn)	firus	[firus]
kersrood (bn)	merah ceri	[merah tʃeri]
lila (bn)	ungu	[uɲu]
karmijnrood (bn)	merah lembayung	[merah lɛmbajuŋ]
licht (bn)	terang	[tɛraŋ]
donker (bn)	gelap	[glap]
fel (bn)	berkilau	[bɛrkilau]
kleur-, kleurig (bn)	berwarna	[bɛrvarna]
kleuren- (abn)	berwarna	[bɛrvarna]
zwart-wit (bn)	hitam-putih	[hitam putih]
eenkleurig (bn)	polos	[polos]
veelkleurig (bn)	beraneka warna	[bɛraneka varna]

15. Vragen

Wie?	Siapa?	[siapa]
Wat?	Apa?	[apa]
Waar?	Di mana?	[di mana]

Waarheen?	Ke mana?	[kɛ mana]
Waarvandaan?	Dari mana?	[dari mana]
Wanneer?	Bila?	[bila]
Waarom?	Untuk apa?	[untuk apa]
Waarom?	Mengapa?	[mɛŋapa]
Waarvoor dan ook?	Untuk apa?	[untuk apa]
Hoe?	Bagaimana?	[bagajmana]
Wat voor …?	Apa? Yang mana?	[apa], [jaŋ mana]
Welk?	Yang mana?	[jaŋ mana]
Aan wie?	Kepada siapa?	[kɛpada siapa]
Over wie?	Tentang siapa?	[tɛntaŋ siapa]
Waarover?	Tentang apa?	[tɛntaŋ apa]
Met wie?	Dengan siapa?	[dɛŋan siapa]
Hoeveel?	Berapa?	[brapa]
Van wie?	Siapa punya?	[siapa punja]

16. Voorzetsels

met (bijv. ~ beleg)	bersama dengan	[bɛrsama dɛŋan]
zonder (~ accent)	tanpa	[tanpa]
naar (in de richting van)	ke	[kɛ]
over (praten ~)	tentang	[tɛntaŋ]
voor (in tijd)	sebelum	[sɛbɛlum]
voor (aan de voorkant)	di depan	[di dɛpan]
onder (lager dan)	di bawah	[di bavah]
boven (hoger dan)	di atas	[di atas]
op (bovenop)	di atas	[di atas]
van (uit, afkomstig van)	dari	[dari]
van (gemaakt van)	daripada	[daripada]
over (bijv. ~ een uur)	selepas	[sɛlɛpas]
over (over de bovenkant)	melalui	[mɛlalui]

17. Functiewoorden. Bijwoorden. Deel 1

Waar?	Di mana?	[di mana]
hier (bw)	di sini	[di sini]
daar (bw)	di situ	[di situ]
ergens (bw)	pada sesuatu tempat	[pada sɛsuatu tɛmpat]
nergens (bw)	tak di mana-mana	[tak di mana mana]
bij … (in de buurt)	dekat, kat	[dɛkat], [kat]
bij het raam	kat tingkap	[kat tiŋkap]
Waarheen?	Ke mana?	[kɛ mana]
hierheen (bw)	ke sini	[kɛ sini]
daarheen (bw)	ke situ	[kɛ situ]

hiervandaan (bw)	dari sini	[dari sini]
daarvandaan (bw)	dari situ	[dari situ]
dichtbij (bw)	dekat	[dɛkat]
ver (bw)	jauh	[dʒauh]
in de buurt (van ...)	dekat	[dɛkat]
dichtbij (bw)	dekat	[dɛkat]
niet ver (bw)	tidak jauh	[tidak dʒauh]
linker (bn)	kiri	[kiri]
links (bw)	di kiri	[di kiri]
linksaf, naar links (bw)	ke kiri	[kɛ kiri]
rechter (bn)	kanan	[kanan]
rechts (bw)	di kanan	[di kanan]
rechtsaf, naar rechts (bw)	ke kanan	[kɛ kanan]
vooraan (bw)	di depan	[di dɛpan]
voorste (bn)	depan	[dɛpan]
vooruit (bw)	ke depan	[kɛ dɛpan]
achter (bw)	di belakang	[di blakaŋ]
van achteren (bw)	dari belakang	[dari blakaŋ]
achteruit (naar achteren)	mundur	[mundur]
midden (het)	tengah	[tɛŋah]
in het midden (bw)	di tengah	[di tɛŋah]
opzij (bw)	dari sisi	[dari sisi]
overal (bw)	di mana-mana	[di mana mana]
omheen (bw)	di sekitar	[di sɛkitar]
binnenuit (bw)	dari dalam	[dari dalam]
naar ergens (bw)	entah ke mana	[ɛntah kɛ mana]
rechtdoor (bw)	terus	[trus]
terug (bijv. ~ komen)	balik	[balik]
ergens vandaan (bw)	dari sesuatu tempat	[dari sɛsuatu tɛmpat]
ergens vandaan	entah dari mana	[ɛntah dari mana]
(en dit geld moet ~ komen)		
ten eerste (bw)	pertama	[pɛrtama]
ten tweede (bw)	kedua	[kɛdua]
ten derde (bw)	ketiga	[kɛtiga]
plotseling (bw)	tiba-tiba	[tiba tiba]
in het begin (bw)	mula-mula	[mula mula]
voor de eerste keer (bw)	pertama kali	[pɛrtama kali]
lang voor ... (bw)	lama sebelum	[lama sɛbɛlum]
opnieuw (bw)	semula	[sɛmula]
voor eeuwig (bw)	untuk selama-lamanya	[untuk sɛlama lamanja]
nooit (bw)	tidak sekali-kali	[tidak sɛkali kali]
weer (bw)	lagi, semula	[lagi], [sɛmula]
nu (bw)	sekarang, kini	[sɛkaraŋ], [kini]

vaak (bw)	seringkali	[sɛriŋkali]
toen (bw)	ketika itu	[kɛtika itu]
urgent (bw)	segera	[sɛgɛra]
meestal (bw)	biasanya	[bijasanja]
trouwens, ... (tussen haakjes)	oh ya	[o ja]
mogelijk (bw)	mungkin	[muŋkin]
waarschijnlijk (bw)	mungkin	[muŋkin]
misschien (bw)	mungkin	[muŋkin]
trouwens (bw)	selain itu	[sɛlajn itu]
daarom ...	kerana itu	[krana itu]
in weerwil van ...	meskipun	[mɛskipun]
dankzij ...	berkat	[bɛrkat]
wat (vn)	apa	[apa]
dat (vw)	bahawa	[bahva]
iets (vn)	sesuatu	[sɛsuatu]
iets	sesuatu	[sɛsuatu]
niets (vn)	tidak apa-apa	[tidak apa apa]
wie (~ is daar?)	siapa	[siapa]
iemand (een onbekende)	seseorang	[sɛsɛoraŋ]
iemand (een bepaald persoon)	seseorang	[sɛsɛoraŋ]
niemand (vn)	tak seorang pun	[tak sɛoraŋ pun]
nergens (bw)	tak ke mana pun	[tak ke mana pun]
niemands (bn)	tak bertuan	[tak bɛrtuan]
iemands (bn)	milik seseorang	[milik sɛsɛoraŋ]
zo (Ik ben ~ blij)	begitu	[bɛgitu]
ook (evenals)	juga	[dʒuga]
alsook (eveneens)	juga	[dʒuga]

18. Functiewoorden. Bijwoorden. Deel 2

Waarom?	Mengapa?	[mɛɲapa]
om een bepaalde reden	entah mengapa	[ɛntah mɛŋapa]
omdat ...	oleh kerana	[oleh krana]
voor een bepaald doel	entah untuk apa	[ɛntah untuk apa]
en (vw)	dan	[dan]
of (vw)	atau	[atau]
maar (vw)	tetapi	[tɛtapi]
voor (vz)	untuk	[untuk]
te (~ veel mensen)	terlalu	[tɛrlalu]
alleen (bw)	hanya	[hanja]
precies (bw)	tepat	[tɛpat]
ongeveer (~ 10 kg)	sekitar	[sɛkitar]
omstreeks (bw)	lebih kurang	[lɛbih kuraŋ]
bij benadering (bn)	lebih kurang	[lɛbih kuraŋ]

bijna (bw)	hampir	[hampir]
rest (de)	yang lain	[jaŋ lajn]
de andere (tweede)	kedua	[kɛdua]
ander (bn)	lain	[lajn]
elk (bn)	setiap	[sɛtiap]
om het even welk	sebarang	[sɛbaraŋ]
veel (grote hoeveelheid)	ramai, banyak	[ramaj], [banjak]
veel mensen	ramai orang	[ramaj oraŋ]
iedereen (alle personen)	semua	[sɛmua]
in ruil voor ...	sebagai pertukaran untuk	[sɛbagaj pɛrtukaran untuk]
in ruil (bw)	sebagai tukaran	[sɛbagaj tukaran]
met de hand (bw)	dengan tangan	[dɛŋan taŋan]
onwaarschijnlijk (bw)	mustahil	[mustahil]
waarschijnlijk (bw)	mungkin	[muŋkin]
met opzet (bw)	sengaja	[sɛŋadʒa]
toevallig (bw)	tidak sengaja	[tidak sɛŋadʒa]
zeer (bw)	sangat	[saŋat]
bijvoorbeeld (bw)	misalnya	[misalnja]
tussen (~ twee steden)	antara	[antara]
tussen (te midden van)	di antara	[di antara]
zoveel (bw)	seberapa ini	[sɛbrapa ini]
vooral (bw)	terutama	[tɛrutama]

Basisbegrippen Deel 2

19. Dagen van de week

maandag (de)	Hari Isnin	[hari isnin]
dinsdag (de)	Hari Selasa	[hari sɛlasa]
woensdag (de)	Hari Rabu	[hari rabu]
donderdag (de)	Hari Khamis	[hari kamis]
vrijdag (de)	Hari Jumaat	[hari dʒumaat]
zaterdag (de)	Hari Sabtu	[hari sabtu]
zondag (de)	Hari Ahad	[hari ahad]
vandaag (bw)	hari ini	[hari ini]
morgen (bw)	besok	[besok]
overmorgen (bw)	besok lusa	[besok lusa]
gisteren (bw)	semalam	[sɛmalam]
eergisteren (bw)	kelmarin	[kɛlmarin]
dag (de)	hari	[hari]
werkdag (de)	hari kerja	[hari kɛrdʒa]
feestdag (de)	cuti umum	[tʃuti umum]
verlofdag (de)	hari kelepasan	[hari kɛlɛpasan]
weekend (het)	hujung minggu	[hudʒuŋ miŋgu]
de hele dag (bw)	seluruh hari	[sɛluruh hari]
de volgende dag (bw)	pada hari berikutnya	[pada hari bɛrikutnja]
twee dagen geleden	dua hari lepas	[dua hari lɛpas]
aan de vooravond (bw)	menjelang	[mɛndʒɛlaŋ]
dag-, dagelijks (bn)	harian	[harian]
elke dag (bw)	setiap hari	[sɛtiap hari]
week (de)	minggu	[miŋgu]
vorige week (bw)	pada minggu lepas	[pada miŋgu lɛpas]
volgende week (bw)	pada minggu berikutnya	[pada miŋgu bɛrikutnja]
wekelijks (bn)	mingguan	[miŋguan]
elke week (bw)	setiap minggu	[sɛtiap miŋgu]
twee keer per week	dua kali seminggu	[dua kali sɛmiŋgu]
elke dinsdag	setiap Hari Selasa	[sɛtiap hari sɛlasa]

20. Uren. Dag en nacht

morgen (de)	pagi	[pagi]
's morgens (bw)	pagi hari	[pagi hari]
middag (de)	tengah hari	[tɛŋah hari]
's middags (bw)	petang hari	[pɛtaŋ hari]
avond (de)	petang, malam	[pɛtaŋ], [malam]
's avonds (bw)	pada waktu petang	[pada vaktu pɛtaŋ]

nacht (de)	malam	[malam]
's nachts (bw)	pada malam	[pada malam]
middernacht (de)	tengah malam	[tɛŋah malam]
seconde (de)	saat	[saat]
minuut (de)	minit	[minit]
uur (het)	jam	[dʒam]
halfuur (het)	separuh jam	[sɛparuh dʒam]
kwartier (het)	suku jam	[suku dʒam]
vijftien minuten	lima belas minit	[lima blas minit]
etmaal (het)	siang malam	[siaŋ malam]
zonsopgang (de)	matahari terbit	[matahari tɛrbit]
dageraad (de)	subuh	[subuh]
vroege morgen (de)	awal pagi	[aval pagi]
zonsondergang (de)	matahari terbenam	[matahari tɛrbɛnam]
's morgens vroeg (bw)	pagi-pagi	[pagi pagi]
vanmorgen (bw)	pagi ini	[pagi ini]
morgenochtend (bw)	besok pagi	[bɛsok pagi]
vanmiddag (bw)	petang ini	[pɛtaŋ ini]
's middags (bw)	petang hari	[pɛtaŋ hari]
morgenmiddag (bw)	besok petang	[besok pɛtaŋ]
vanavond (bw)	petang ini	[pɛtaŋ ini]
morgenavond (bw)	besok malam	[besok malam]
klokslag drie uur	pukul 3 tepat	[pukul tiga tɛpat]
ongeveer vier uur	sekitar pukul 4	[sɛkitar pukul ɛmpat]
tegen twaalf uur	sampai pukul 12	[sampaj pukul dua blas]
over twintig minuten	selepas 20 minit	[sɛlɛpas dua puluh minit]
over een uur	selepas satu jam	[sɛlɛpas satu dʒam]
op tijd (bw)	tepat pada masanya	[tɛpat pada masanja]
kwart voor ...	kurang suku	[kuraŋ suku]
binnen een uur	selama sejam	[sɛlama sɛdʒam]
elk kwartier	setiap 15 minit	[sɛtiap lima blas minit]
de klok rond	siang malam	[siaŋ malam]

21. Maanden. Seizoenen

januari (de)	Januari	[dʒanuari]
februari (de)	Februari	[februari]
maart (de)	Mac	[matʃ]
april (de)	April	[april]
mei (de)	Mei	[mej]
juni (de)	Jun	[dʒun]
juli (de)	Julai	[dʒulaj]
augustus (de)	Ogos	[ogos]
september (de)	September	[septembɛr]
oktober (de)	Oktober	[oktobɛr]

november (de)	**November**	[novembɛr]
december (de)	**Disember**	[disembɛr]
lente (de)	**musim bunga**	[musim buŋa]
in de lente (bw)	**pada musim bunga**	[pada musim buŋa]
lente- (abn)	**musim bunga**	[musim buŋa]
zomer (de)	**musim panas**	[musim panas]
in de zomer (bw)	**pada musim panas**	[pada musim panas]
zomer-, zomers (bn)	**musim panas**	[musim panas]
herfst (de)	**musim gugur**	[musim gugur]
in de herfst (bw)	**pada musim gugur**	[pada musim gugur]
herfst- (abn)	**musim gugur**	[musim gugur]
winter (de)	**musim sejuk**	[musim sɛdʒuk]
in de winter (bw)	**pada musim sejuk**	[pada musim sɛdʒuk]
winter- (abn)	**musim sejuk**	[musim sɛdʒuk]
maand (de)	**bulan**	[bulan]
deze maand (bw)	**pada bulan ini**	[pada bulan ini]
volgende maand (bw)	**pada bulan berikutnya**	[pada bulan bɛrikutnja]
vorige maand (bw)	**pada bulan yang lepas**	[pada bulan jaŋ lɛpas]
een maand geleden (bw)	**sebulan lepas**	[sɛbulan lɛpas]
over een maand (bw)	**selepas satu bulan**	[sɛlɛpas satu bulan]
over twee maanden (bw)	**selepas 2 bulan**	[sɛlɛpas dua bulan]
de hele maand (bw)	**seluruh bulan**	[sɛluruh bulan]
een volle maand (bw)	**seluruh bulan**	[sɛluruh bulan]
maand-, maandelijks (bn)	**bulanan**	[bulanan]
maandelijks (bw)	**setiap bulan**	[sɛtiap bulan]
elke maand (bw)	**setiap bulan**	[sɛtiap bulan]
twee keer per maand	**dua kali sebulan**	[dua kali sɛbulan]
jaar (het)	**tahun**	[tahun]
dit jaar (bw)	**pada tahun ini**	[pada tahun ini]
volgend jaar (bw)	**pada tahun berikutnya**	[pada tahun bɛrikutnja]
vorig jaar (bw)	**pada tahun yang lepas**	[pada tahun jaŋ lɛpas]
een jaar geleden (bw)	**setahun lepas**	[setahun lɛpas]
over een jaar	**selepas satu tahun**	[sɛlɛpas satu tahun]
over twee jaar	**selepas 2 tahun**	[sɛlɛpas dua tahun]
het hele jaar	**seluruh tahun**	[sɛluruh tahun]
een vol jaar	**seluruh tahun**	[sɛluruh tahun]
elk jaar	**setiap tahun**	[sɛtiap tahun]
jaar-, jaarlijks (bn)	**tahunan**	[tahunan]
jaarlijks (bw)	**setiap tahun**	[sɛtiap tahun]
4 keer per jaar	**empat kali setahun**	[ɛmpat kali sɛtahun]
datum (de)	**tarikh**	[tarih]
datum (de)	**tarikh**	[tarih]
kalender (de)	**takwim**	[takvim]
een half jaar	**separuh tahun**	[sɛparuh tahun]
zes maanden	**separuh tahun**	[sɛparuh tahun]

seizoen (bijv. lente, zomer)	musim	[musim]
eeuw (de)	abad	[abad]

22. Meeteenheden

gewicht (het)	berat	[brat]
lengte (de)	panjang	[pandʒaŋ]
breedte (de)	kelebaran	[kɛlebaran]
hoogte (de)	ketinggian	[kɛtiŋgian]
diepte (de)	kedalaman	[kɛdalaman]
volume (het)	isi padu	[isi padu]
oppervlakte (de)	luas	[luas]
gram (het)	gram	[gram]
milligram (het)	miligram	[miligram]
kilogram (het)	kilogram	[kilogram]
ton (duizend kilo)	tan	[tan]
pond (het)	paun	[paun]
ons (het)	auns	[auns]
meter (de)	meter	[metɛr]
millimeter (de)	milimeter	[milimetɛr]
centimeter (de)	sentimeter	[sentimetɛr]
kilometer (de)	kilometer	[kilometɛr]
mijl (de)	batu	[batu]
duim (de)	inci	[intʃi]
voet (de)	kaki	[kaki]
yard (de)	ela	[ela]
vierkante meter (de)	meter persegi	[metɛr pɛrsɛgi]
hectare (de)	hektar	[hektar]
liter (de)	liter	[litɛr]
graad (de)	darjah	[dardʒah]
volt (de)	volt	[volt]
ampère (de)	ampere	[ampɛrɛ]
paardenkracht (de)	kuasa kuda	[kuasa kuda]
hoeveelheid (de)	kuantiti	[kuantiti]
een beetje ...	sedikit	[sɛdikit]
helft (de)	setengah	[sɛtɛŋah]
dozijn (het)	dozen	[dozen]
stuk (het)	buah	[buah]
afmeting (de)	saiz, ukuran	[sajz], [ukuran]
schaal (bijv. ~ van 1 op 50)	skala	[skala]
minimaal (bn)	minimum	[minimum]
minste (bn)	terkecil	[tɛrkɛtʃil]
medium (bn)	sederhana	[sɛdɛrhana]
maximaal (bn)	maksimum	[maksimum]
grootste (bn)	terbesar	[tɛrbɛsar]

23. Containers

glazen pot (de)	balang	[balaŋ]
blik (conserven~)	tin	[tin]
emmer (de)	baldi	[baldi]
ton (bijv. regenton)	tong	[toŋ]
ronde waterbak (de)	besen	[besen]
tank (bijv. watertank-70-ltr)	tangki	[taŋki]
heupfles (de)	kelalang, flask	[kɛlalaŋ], [flask]
jerrycan (de)	tin	[tin]
tank (bijv. ketelwagen)	tangki	[taŋki]
beker (de)	koleh	[koleh]
kopje (het)	cawan	[ʧavan]
schoteltje (het)	alas cawan	[alas ʧavan]
glas (het)	gelas	[glas]
wijnglas (het)	gelas	[glas]
pan (de)	periuk	[priuk]
fles (de)	botol	[botol]
flessenhals (de)	leher	[leher]
karaf (de)	serahi	[sɛrahi]
kruik (de)	kendi	[kɛndi]
vat (het)	bekas	[bɛkas]
pot (de)	belanga	[bɛlaŋa]
vaas (de)	vas	[vas]
flacon (de)	botol	[botol]
flesje (het)	buli-buli	[buli buli]
tube (bijv. ~ tandpasta)	tiub	[tiub]
zak (bijv. ~ aardappelen)	karung	[karuŋ]
tasje (het)	peket	[peket]
pakje (~ sigaretten, enz.)	kotak	[kotak]
doos (de)	kotak, peti	[kotak], [pɛti]
kist (de)	kotak	[kotak]
mand (de)	bakul	[bakul]

MENS

Mens. Het lichaam

24. Hoofd

hoofd (het)	kepala	[kɛpala]
gezicht (het)	muka	[muka]
neus (de)	hidung	[hiduŋ]
mond (de)	mulut	[mulut]
oog (het)	mata	[mata]
ogen (mv.)	mata	[mata]
pupil (de)	anak mata	[anak mata]
wenkbrauw (de)	kening	[kɛniŋ]
wimper (de)	bulu mata	[bulu mata]
ooglid (het)	kekopak mata	[kɛkopak mata]
tong (de)	lidah	[lidah]
tand (de)	gigi	[gigi]
lippen (mv.)	bibir	[bibir]
jukbeenderen (mv.)	tulang pipi	[tulaŋ pipi]
tandvlees (het)	gusi	[gusi]
gehemelte (het)	lelangit	[lɛlaŋit]
neusgaten (mv.)	lubang hidung	[lubaŋ hiduŋ]
kin (de)	dagu	[dagu]
kaak (de)	rahang	[rahaŋ]
wang (de)	pipi	[pipi]
voorhoofd (het)	dahi	[dahi]
slaap (de)	pelipis	[pɛlipis]
oor (het)	telinga	[tɛliŋa]
achterhoofd (het)	tengkuk	[tɛŋkuk]
hals (de)	leher	[leher]
keel (de)	kerongkong	[kɛroŋkoŋ]
haren (mv.)	rambut	[rambut]
kapsel (het)	potongan rambut	[potoŋan rambut]
haarsnit (de)	potongan rambut	[potoŋan rambut]
pruik (de)	rambut palsu, wig	[rambut palsu], [vig]
snor (de)	misai	[misaj]
baard (de)	janggut	[dʒaŋgut]
dragen (een baard, enz.)	memelihara	[mɛmɛlihara]
vlecht (de)	tocang	[totʃaŋ]
bakkebaarden (mv.)	jambang	[dʒambaŋ]
ros (roodachtig, rossig)	berambut merah perang	[bɛrambut mɛrah peraŋ]
grijs (~ haar)	beruban	[bɛruban]

| kaal (bn) | botak | [botak] |
| kale plek (de) | botak | [botak] |

| paardenstaart (de) | ikat ekor kuda | [ikat ekor kuda] |
| pony (de) | jambul | [dʒambul] |

25. Menselijk lichaam

| hand (de) | tangan | [taŋan] |
| arm (de) | lengan | [lɛŋan] |

vinger (de)	jari	[dʒari]
teen (de)	jari	[dʒari]
duim (de)	ibu jari	[ibu dʒari]
pink (de)	jari kelengkeng	[dʒari kɛleŋkŋ]
nagel (de)	kuku	[kuku]

vuist (de)	penumbuk	[pɛnumbuk]
handpalm (de)	telapak	[tɛlapak]
pols (de)	pergelangan	[pɛrgɛlaŋan]
voorarm (de)	lengan bawah	[lɛŋan bavah]
elleboog (de)	siku	[siku]
schouder (de)	bahu	[bahu]

been (rechter ~)	kaki	[kaki]
voet (de)	telapak kaki	[telapak kaki]
knie (de)	lutut	[lutut]
kuit (de)	betis	[bɛtis]
heup (de)	paha	[paha]
hiel (de)	tumit	[tumit]

lichaam (het)	badan	[badan]
buik (de)	perut	[prut]
borst (de)	dada	[dada]
borst (de)	tetek	[tetek]
zijde (de)	rusuk	[rusuk]
rug (de)	belakang	[blakaŋ]
lage rug (de)	pinggul	[piŋgul]
taille (de)	pinggang	[piŋgaŋ]

navel (de)	pusat	[pusat]
billen (mv.)	punggung	[puŋguŋ]
achterwerk (het)	punggung	[puŋguŋ]

huidvlek (de)	tahi lalat manis	[tahi lalat manis]
moedervlek (de)	tanda kelahiran	[tanda kɛlahiran]
tatoeage (de)	tatu	[tatu]
litteken (het)	bekas luka	[bɛkas luka]

Kleding en accessoires

26. Bovenkleding. Jassen

kleren (mv.)	pakaian	[pakajan]
bovenkleding (de)	pakaian luar	[pakajan luar]
winterkleding (de)	pakaian musim sejuk	[pakajan musim sɛdʒuk]
jas (de)	kot luaran	[kot luaran]
bontjas (de)	kot bulu	[kot bulu]
bontjasje (het)	jaket berbulu	[dʒaket berbulu]
donzen jas (de)	kot bulu pelepah	[kot bulu pɛlɛpah]
jasje (bijv. een leren ~)	jaket	[dʒaket]
regenjas (de)	baju hujan	[badʒu hudʒan]
waterdicht (bn)	kalis air	[kalis air]

27. Heren & dames kleding

overhemd (het)	baju	[badʒu]
broek (de)	seluar	[sɛluar]
jeans (de)	seluar jean	[sɛluar dʒin]
colbert (de)	jaket	[dʒaket]
kostuum (het)	suit	[suit]
jurk (de)	gaun	[gaun]
rok (de)	skirt	[skirt]
blouse (de)	blaus	[blaus]
wollen vest (de)	jaket kait	[dʒaket kait]
blazer (kort jasje)	jaket	[dʒaket]
T-shirt (het)	baju kaus	[badʒu kaus]
shorts (mv.)	seluar pendek	[sɛluar pendek]
trainingspak (het)	pakaian sukan	[pakajan sukan]
badjas (de)	jubah mandi	[dʒubah mandi]
pyjama (de)	pijama	[pidʒama]
sweater (de)	sweater	[svetɛr]
pullover (de)	pullover	[pullovɛr]
gilet (het)	rompi	[rompi]
rokkostuum (het)	kot bajang	[kot badʒaŋ]
smoking (de)	toksedo	[toksedo]
uniform (het)	pakaian seragam	[pakajan sɛragam]
werkkleding (de)	pakaian kerja	[pakajan kɛrdʒa]
overall (de)	baju monyet	[badʒu monjet]
doktersjas (de)	baju	[badʒu]

28. Kleding. Ondergoed

ondergoed (het)	pakaian dalam	[pakajan dalam]
herenslip (de)	seluar dalam lelaki	[sɛluar dalam lɛlaki]
slipjes (mv.)	seluar dalam perempuan	[sɛluar dalam pɛrɛmpuan]
onderhemd (het)	singlet	[siŋlet]
sokken (mv.)	sok	[sok]
nachthemd (het)	baju tidur	[badʒu tidur]
beha (de)	kutang	[kutaŋ]
kniekousen (mv.)	stoking sampai lutut	[stokiŋ sampaj lutut]
panty (de)	sarung kaki	[saruŋ kaki]
nylonkousen (mv.)	stoking	[stokiŋ]
badpak (het)	pakaian renang	[pakajan rɛnaŋ]

29. Hoofddeksels

hoed (de)	topi	[topi]
deukhoed (de)	topi bulat	[topi bulat]
honkbalpet (de)	topi besbol	[topi besbol]
kleppet (de)	kep	[kep]
baret (de)	beret	[beret]
kap (de)	hud	[hud]
panamahoed (de)	topi panama	[topi panama]
gebreide muts (de)	topi kait	[topi kait]
hoofddoek (de)	tudung	[tuduŋ]
dameshoed (de)	topi perempuan	[topi pɛrɛmpuan]
veiligheidshelm (de)	topi besi	[topi bɛsi]
veldmuts (de)	topi lipat	[topi lipat]
helm, valhelm (de)	helmet	[helmet]
bolhoed (de)	topi bulat	[topi bulat]
hoge hoed (de)	topi pesulap	[topi pɛsulap]

30. Schoeisel

schoeisel (het)	kasut	[kasut]
schoenen (mv.)	but	[but]
vrouwenschoenen (mv.)	kasut wanita	[kasut vanita]
laarzen (mv.)	kasut lars	[kasut lars]
pantoffels (mv.)	selipar	[slipar]
sportschoenen (mv.)	kasut tenis	[kasut tenis]
sneakers (mv.)	kasut kets	[kasut kets]
sandalen (mv.)	sandal	[sandal]
schoenlapper (de)	tukang kasut	[tukaŋ kasut]
hiel (de)	tumit	[tumit]

paar (een ~ schoenen)	sepasang	[sɛpasaŋ]
veter (de)	tali kasut	[tali kasut]
rijgen (schoenen ~)	mengikat tali	[meŋikat tali]
schoenlepel (de)	sudu kasut	[sudu kasut]
schoensmeer (de/het)	belaking	[bɛlakiŋ]

31. Persoonlijke accessoires

handschoenen (mv.)	sarung tangan	[saruŋ taŋan]
wanten (mv.)	miten	[mitɛn]
sjaal (fleece ~)	selendang	[sɛlendaŋ]
bril (de)	kaca mata	[katʃa mata]
brilmontuur (het)	bingkai, rim	[biŋkaj], [rim]
paraplu (de)	payung	[pajuŋ]
wandelstok (de)	tongkat	[toŋkat]
haarborstel (de)	berus rambut	[brus rambut]
waaier (de)	kipas	[kipas]
das (de)	tai	[taj]
strikje (het)	tali leher kupu-kupu	[tali leher kupu kupu]
bretels (mv.)	tali bawat	[tali bavat]
zakdoek (de)	sapu tangan	[sapu taŋan]
kam (de)	sikat	[sikat]
haarspeldje (het)	cucuk rambut	[tʃutʃuk rambut]
schuifspeldje (het)	pin rambut	[pin rambut]
gesp (de)	gancu	[gantʃu]
broekriem (de)	ikat pinggang	[ikat piŋgaŋ]
draagriem (de)	tali beg	[tali beg]
handtas (de)	beg	[beg]
damestas (de)	beg tangan	[beg taŋan]
rugzak (de)	beg galas	[beg galas]

32. Kleding. Diversen

mode (de)	fesyen	[feʃɛn]
de mode (bn)	berfesyen	[bɛrfeʃɛn]
kledingstilist (de)	pereka fesyen	[pɛreka feʃɛn]
kraag (de)	kerah	[krah]
zak (de)	saku	[saku]
zak- (abn)	saku	[saku]
mouw (de)	lengan	[lɛŋan]
lusje (het)	gelung sangkut	[gɛluŋ saŋkut]
gulp (de)	golbi	[golbi]
rits (de)	zip	[zip]
sluiting (de)	kancing	[kantʃiŋ]
knoop (de)	butang	[butaŋ]

knoopsgat (het)	lubang butang	[lubaŋ butaŋ]
losraken (bijv. knopen)	terlepas	[tɛrlɛpas]
naaien (kleren, enz.)	menjahit	[mɛndʒahit]
borduren (ww)	menyulam	[mɛnjulam]
borduursel (het)	sulaman	[sulaman]
naald (de)	jarum	[dʒarum]
draad (de)	benang	[bɛnaŋ]
naad (de)	jahitan	[dʒahitan]
vies worden (ww)	menjadi kotor	[mɛndʒadi kotor]
vlek (de)	tompok	[tompok]
gekreukt raken (ov. kleren)	renyuk	[rɛnjuk]
scheuren (ov.ww.)	merobek	[mɛrobek]
mot (de)	gegat	[gɛgat]

33. Persoonlijke verzorging. Schoonheidsmiddelen

tandpasta (de)	ubat gigi	[ubat gigi]
tandenborstel (de)	berus gigi	[bɛrus gigi]
tanden poetsen (ww)	memberus gigi	[mɛmbɛrus gigi]
scheermes (het)	pisau cukur	[pisau tʃukur]
scheerschuim (het)	krim cukur	[krim tʃukur]
zich scheren (ww)	bercukur	[bɛrtʃukur]
zeep (de)	sabun	[sabun]
shampoo (de)	syampu	[ʃampu]
schaar (de)	gunting	[guntiŋ]
nagelvijl (de)	kikir kuku	[kikir kuku]
nagelknipper (de)	pemotong kuku	[pɛmotoŋ kuku]
pincet (het)	penyepit kecil	[pɛnjepit kɛtʃil]
cosmetica (mv.)	alat solek	[alat solek]
masker (het)	masker	[maskɛr]
manicure (de)	manicure	[mɛnikjur]
manicure doen	melakukan perawatan kuku tangan	[mɛlakukan pɛravatan kuku taŋan]
pedicure (de)	pedicure	[pɛdikjur]
cosmetica tasje (het)	beg mekap	[beg mekap]
poeder (de/het)	bedak	[bɛdak]
poederdoos (de)	kotak bedak	[kotak bɛdak]
rouge (de)	pemerah pipi	[pɛmerah pipi]
parfum (de/het)	minyak wangi	[minjak vaŋi]
eau de toilet (de)	air wangi	[air vaŋi]
lotion (de)	losen	[losen]
eau de cologne (de)	air kolong	[air koloŋ]
oogschaduw (de)	pembayang mata	[pɛmbajaŋ mata]
oogpotlood (het)	pensel kening	[pensel kɛniŋ]
mascara (de)	maskara	[maskara]

lippenstift (de)	gincu bibir	[gintʃu bibir]
nagellak (de)	pengilat kuku	[peɲilat kuku]
haarlak (de)	penyembur rambut	[pɛnjembur rambut]
deodorant (de)	deodoran	[deodoran]
crème (de)	krim	[krim]
gezichtscrème (de)	krim muka	[krim muka]
handcrème (de)	krim tangan	[krim taŋan]
antirimpelcrème (de)	krim antikerut	[krim antikɛrut]
dagcrème (de)	krim siang	[krim siaŋ]
nachtcrème (de)	krim malam	[krim malam]
dag- (abn)	siang	[siaŋ]
nacht- (abn)	malam	[malam]
tampon (de)	tampon	[tampon]
toiletpapier (het)	kertas tandas	[kɛrtas tandas]
föhn (de)	pengering rambut	[pɛŋɛriŋ rambut]

34. Horloges. Klokken

polshorloge (het)	jam tangan	[dʒam taŋan]
wijzerplaat (de)	permukaan jam	[permukaan dʒam]
wijzer (de)	jarum	[dʒarum]
metalen horlogeband (de)	gelang jam tangan	[gɛlaŋ dʒam taŋan]
horlogebandje (het)	tali jam	[tali dʒam]
batterij (de)	bateri	[batɛri]
leeg zijn (ww)	luput	[luput]
batterij vervangen	menukar bateri	[menukar batɛri]
voorlopen (ww)	kecepatan	[kɛtʃɛpatan]
achterlopen (ww)	ketinggalan	[kɛtiŋgalan]
wandklok (de)	jam dinding	[dʒam dindiŋ]
zandloper (de)	jam pasir	[dʒam pasir]
zonnewijzer (de)	jam matahari	[dʒam matahari]
wekker (de)	jam loceng	[dʒam lotʃeŋ]
horlogemaker (de)	tukang jam	[tukaŋ dʒam]
repareren (ww)	membaiki	[mɛmbaiki]

Voedsel. Voeding

35. Voedsel

vlees (het)	daging	[daɡiŋ]
kip (de)	ayam	[ajam]
kuiken (het)	anak ayam	[anak ajam]
eend (de)	itik	[itik]
gans (de)	angsa	[aŋsa]
wild (het)	burung buruan	[buruŋ buruan]
kalkoen (de)	ayam belanda	[ajam blanda]

varkensvlees (het)	daging babi	[daɡiŋ babi]
kalfsvlees (het)	daging anak lembu	[daɡiŋ anak lembu]
schapenvlees (het)	daging bebiri	[daɡiŋ bɛbiri]
rundvlees (het)	daging lembu	[daɡiŋ lɛmbu]
konijnenvlees (het)	arnab	[arnab]

worst (de)	sosej worst	[sosedʒ vorst]
saucijs (de)	sosej	[sosedʒ]
spek (het)	dendeng babi	[deŋdeŋ babi]
ham (de)	ham	[ham]
gerookte achterham (de)	gamon	[gamon]

paté (de)	pate	[patɛ]
lever (de)	hati	[hati]
gehakt (het)	bahan kisar	[bahan kisar]
tong (de)	lidah	[lidah]

ei (het)	telur	[tɛlur]
eieren (mv.)	telur-telur	[tɛlur tɛlur]
eiwit (het)	putih telur	[putih tɛlur]
eigeel (het)	kuning telur	[kuniŋ tɛlur]

vis (de)	ikan	[ikan]
zeevruchten (mv.)	makanan laut	[makanan laut]
schaaldieren (mv.)	krustasia	[krustasia]
kaviaar (de)	caviar	[kaviar]

krab (de)	ketam	[kɛtam]
garnaal (de)	udang	[udaŋ]
oester (de)	tiram	[tiram]
langoest (de)	udang krai	[udaŋ kraj]
octopus (de)	sotong	[sotoŋ]
inktvis (de)	cumi-cumi	[ʧumi ʧumi]

steur (de)	ikan sturgeon	[ikan sturgeon]
zalm (de)	salmon	[salmon]
heilbot (de)	ikan halibut	[ikan halibut]
kabeljauw (de)	ikan kod	[ikan kod]

makreel (de)	ikan tenggiri	[ikan tɛŋgiri]
tonijn (de)	tuna	[tuna]
paling (de)	ikan keli	[ikan kli]
forel (de)	ikan trout	[ikan trout]
sardine (de)	sadin	[sadin]
snoek (de)	ikan paik	[ikan pajk]
haring (de)	ikan hering	[ikan hɛriŋ]
brood (het)	roti	[roti]
kaas (de)	keju	[kɛdʒu]
suiker (de)	gula	[gula]
zout (het)	garam	[garam]
rijst (de)	beras, nasi	[bras], [nasi]
pasta (de)	pasta	[pasta]
noedels (mv.)	mie	[mi]
boter (de)	mentega	[mɛntega]
plantaardige olie (de)	minyak sayur	[minjak sajur]
zonnebloemolie (de)	minyak bunga matahari	[minjak buɲa matahari]
margarine (de)	marjerin	[mardʒɛrin]
olijven (mv.)	buah zaitun	[buah zajtun]
olijfolie (de)	minyak zaitun	[minjak zaɪtun]
melk (de)	susu	[susu]
gecondenseerde melk (de)	susu pekat	[susu pɛkat]
yoghurt (de)	yogurt	[jogurt]
zure room (de)	krim asam	[krim asam]
room (de)	krim	[krim]
mayonaise (de)	mayonis	[majonis]
crème (de)	krim	[krim]
graan (het)	bijirin berkupas	[bidʒirin bɛrkupas]
meel (het), bloem (de)	tepung	[tɛpuŋ]
conserven (mv.)	makanan dalam tin	[makanan dalam tin]
maïsvlokken (mv.)	emping jagung	[ɛmpiŋ dʒaguŋ]
honing (de)	madu	[madu]
jam (de)	jem	[dʒɛm]
kauwgom (de)	gula-gula getah	[gula gula gɛtah]

36. Drankjes

water (het)	air	[air]
drinkwater (het)	air minum	[air minum]
mineraalwater (het)	air galian	[air galian]
zonder gas	tanpa gas	[tanpa gas]
koolzuurhoudend (bn)	bergas	[bɛrgas]
bruisend (bn)	bergas	[bɛrgas]
ijs (het)	ais	[ajs]

met ijs	dengan ais	[dɛŋan ajs]
alcohol vrij (bn)	tanpa alkohol	[tanpa alkohol]
alcohol vrije drank (de)	minuman ringan	[minuman riŋan]
frisdrank (de)	minuman segar	[minuman sɛgar]
limonade (de)	limonad	[limonad]
alcoholische dranken (mv.)	arak	[arak]
wijn (de)	wain	[vajn]
witte wijn (de)	wain putih	[vajn putih]
rode wijn (de)	wain merah	[vajn merah]
likeur (de)	likur	[likur]
champagne (de)	champagne	[ʃampejn]
vermout (de)	vermouth	[vermut]
whisky (de)	wiski	[viski]
wodka (de)	vodka	[vodka]
gin (de)	gin	[dʒin]
cognac (de)	cognac	[konjak]
rum (de)	rum	[ram]
koffie (de)	kopi	[kopi]
zwarte koffie (de)	kopi O	[kopi o]
koffie (de) met melk	kopi susu	[kopi susu]
cappuccino (de)	cappuccino	[kaputʃino]
oploskoffie (de)	kopi segera	[kopi sɛgɛra]
melk (de)	susu	[susu]
cocktail (de)	koktel	[koktel]
milkshake (de)	susu kocak	[susu kotʃak]
sap (het)	jus	[dʒus]
tomatensap (het)	jus tomato	[dʒus tomato]
sinaasappelsap (het)	jus jeruk manis	[dʒus dʒɛruk manis]
vers geperst sap (het)	jus segar	[dʒus sɛgar]
bier (het)	bir	[bir]
licht bier (het)	bir putih	[bir putih]
donker bier (het)	bir hitam	[bir hitam]
thee (de)	teh	[te]
zwarte thee (de)	teh hitam	[te hitam]
groene thee (de)	teh hijau	[te hidʒau]

37. Groenten

groenten (mv.)	sayuran	[sajuran]
verse kruiden (mv.)	ulam-ulaman	[ulam ulaman]
tomaat (de)	tomato	[tomato]
augurk (de)	timun	[timun]
wortel (de)	lobak merah	[lobak merah]
aardappel (de)	kentang	[kɛntaŋ]
ui (de)	bawang	[bavaŋ]

knoflook (de)	bawang putih	[bavaŋ putih]
kool (de)	kubis	[kubis]
bloemkool (de)	bunga kubis	[buŋa kubis]
spruitkool (de)	kubis Brussels	[kubis brasels]
broccoli (de)	broccoli	[brokoli]
rode biet (de)	rut bit	[rut bit]
aubergine (de)	terung	[tɛruŋ]
courgette (de)	labu kuning	[labu kuniŋ]
pompoen (de)	labu	[labu]
raap (de)	turnip	[turnip]
peterselie (de)	parsli	[parsli]
dille (de)	jintan hitam	[dʒintan hitam]
sla (de)	pokok salad	[pokok salad]
selderij (de)	saderi	[sadɛri]
asperge (de)	asparagus	[asparagus]
spinazie (de)	bayam	[bajam]
erwt (de)	kacang sepat	[katʃaŋ sɛpat]
bonen (mv.)	kacang	[katʃaŋ]
maïs (de)	jagung	[dʒaguŋ]
nierboon (de)	kacang buncis	[katʃaŋ buntʃis]
peper (de)	lada	[lada]
radijs (de)	lobak	[lobak]
artisjok (de)	articok	[artitʃok]

38. Vruchten. Noten

vrucht (de)	buah	[buah]
appel (de)	epal	[epal]
peer (de)	buah pear	[buah pear]
citroen (de)	lemon	[lemon]
sinaasappel (de)	jeruk manis	[dʒeruk manis]
aardbei (de)	strawberi	[stroberi]
mandarijn (de)	limau mandarin	[limau mandarin]
pruim (de)	plum	[plam]
perzik (de)	pic	[pitʃ]
abrikoos (de)	aprikot	[aprikot]
framboos (de)	raspberi	[rasberi]
ananas (de)	nanas	[nanas]
banaan (de)	pisang	[pisaŋ]
watermeloen (de)	tembikai	[tembikaj]
druif (de)	anggur	[aŋgur]
zure kers (de)	buah ceri	[buah tʃeri]
zoete kers (de)	ceri manis	[tʃeri manis]
meloen (de)	tembikai susu	[tembikaj susu]
grapefruit (de)	limau gedang	[limau gɛdaŋ]
avocado (de)	avokado	[avokado]
papaja (de)	betik	[bɛtik]

mango (de)	mempelam	[mɛmpɛlam]
granaatappel (de)	buah delima	[buah dɛlima]

rode bes (de)	buah kismis merah	[buah kismis merah]
zwarte bes (de)	buah kismis hitam	[buah kismis hitam]
kruisbes (de)	buah gusberi	[buah gusberi]
blauwe bosbes (de)	buah bilberi	[buah bilberi]
braambes (de)	beri hitam	[beri hitam]

rozijn (de)	kismis	[kismis]
vijg (de)	buah tin	[buah tin]
dadel (de)	buah kurma	[buah kurma]

pinda (de)	kacang tanah	[katʃaŋ tanah]
amandel (de)	badam	[badam]
walnoot (de)	walnut	[volnat]
hazelnoot (de)	kacang hazel	[katʃaŋ hazel]
kokosnoot (de)	buah kelapa	[buah klapa]
pistaches (mv.)	pistasio	[pistasio]

39. Brood. Snoep

suikerbakkerij (de)	kuih-muih	[kuih muih]
brood (het)	roti	[roti]
koekje (het)	biskit	[biskit]

chocolade (de)	coklat	[tʃoklat]
chocolade- (abn)	coklat	[tʃoklat]
snoepje (het)	gula-gula	[gula gula]
cakeje (het)	kuih	[kuih]
taart (bijv. verjaardags~)	kek	[kek]

pastei (de)	pai	[paj]
vulling (de)	inti	[inti]

confituur (de)	jem buah-buahan utuh	[dʒem buah buahan utuh]
marmelade (de)	marmalad	[marmalad]
wafel (de)	wafer	[vafɛr]
ijsje (het)	ais krim	[ajs krim]
pudding (de)	puding	[pudiŋ]

40. Bereide gerechten

gerecht (het)	hidangan	[hidaŋan]
keuken (bijv. Franse ~)	masakan	[masakan]
recept (het)	resipi	[rɛsipi]
portie (de)	hidangan	[hidaŋan]

salade (de)	salad	[salad]
soep (de)	sup	[sup]
bouillon (de)	sup kosong	[sup kosoŋ]
boterham (de)	sandwic	[sandvitʃ]

spiegelei (het)	telur mata kerbau	[tɛlur mata kerbau]
hamburger (de)	hamburger	[hamburger]
biefstuk (de)	stik	[stik]

garnering (de)	garnish	[garniʃ]
spaghetti (de)	spaghetti	[spaɣeti]
aardappelpuree (de)	kentang lecek	[kɛntaŋ letʃek]
pizza (de)	piza	[piza]
pap (de)	bubur	[bubur]
omelet (de)	telur dadar	[tɛlur dadar]

gekookt (in water)	rebus	[rɛbus]
gerookt (bn)	salai	[salaj]
gebakken (bn)	goreng	[gorɛŋ]
gedroogd (bn)	dikeringkan	[dikɛriŋkan]
diepvries (bn)	sejuk beku	[sɛdʒuk bɛku]
gemarineerd (bn)	dijeruk	[didʒɛruk]

zoet (bn)	manis	[manis]
gezouten (bn)	masin	[masin]
koud (bn)	sejuk	[sɛdʒuk]
heet (bn)	panas	[panas]
bitter (bn)	pahit	[pahit]
lekker (bn)	sedap	[sɛdap]

koken (in kokend water)	merebus	[mɛrɛbus]
bereiden (avondmaaltijd ~)	memasak	[mɛmasak]
bakken (ww)	menggoreng	[mɛŋgorɛŋ]
opwarmen (ww)	memanaskan	[mɛmanaskan]

zouten (ww)	membubuh garam	[mɛmbubuh garam]
peperen (ww)	membubuh lada	[mɛmbubuh lada]
raspen (ww)	memarut	[mɛmarut]
schil (de)	kulit	[kulit]
schillen (ww)	mengupas	[mɛŋupas]

41. Kruiden

zout (het)	garam	[garam]
gezouten (bn)	masin	[masin]
zouten (ww)	membubuh garam	[mɛmbubuh garam]

zwarte peper (de)	lada hitam	[lada hitam]
rode peper (de)	lada merah	[lada merah]
mosterd (de)	sawi	[savi]
mierikswortel (de)	remunggai	[rɛmuŋgaj]

condiment (het)	perasa	[pɛrasa]
specerij, kruiderij (de)	rempah-rempah	[rempah rempah]
saus (de)	saus	[saus]
azijn (de)	cuka	[tʃuka]

anijs (de)	lawang	[lavaŋ]
basilicum (de)	kemangi	[kɛmaɲi]

kruidnagel (de)	cengkeh	[ʧeŋkeh]
gember (de)	halia	[halia]
koriander (de)	ketumbar	[kɛtumbar]
kaneel (de/het)	kayu manis	[kaju manis]
sesamzaad (het)	bijan	[bidʒan]
laurierblad (het)	daun bay	[daun bej]
paprika (de)	paprik	[paprik]
komijn (de)	jintan putih	[dʒintan putih]
saffraan (de)	safron	[safron]

42. Maaltijden

eten (het)	makanan	[makanan]
eten (ww)	makan	[makan]
ontbijt (het)	makan pagi	[makan pagi]
ontbijten (ww)	makan pagi	[makan pagi]
lunch (de)	makan tengah hari	[makan tɛŋah hari]
lunchen (ww)	makan tengah hari	[makan tɛŋah hari]
avondeten (het)	makan malam	[makan malam]
souperen (ww)	makan malam	[makan malam]
eetlust (de)	selera	[sɛlera]
Eet smakelijk!	Selamat jamu selera!	[sɛlamat dʒamu sɛlera]
openen (een fles ~)	membuka	[mɛmbuka]
morsen (koffie, enz.)	menumpahkan	[mɛnumpahkan]
zijn gemorst	tertumpah	[tɛrtumpah]
koken (water kookt bij 100°C)	mendidih	[mɛndidih]
koken (Hoe om water te ~)	mendidihkan	[mɛndidihkan]
gekookt (~ water)	masak	[masak]
afkoelen (koeler maken)	menyejukkan	[mɛnjedʒukkan]
afkoelen (koeler worden)	menjadi sejuk	[mɛndʒadi sɛdʒuk]
smaak (de)	rasa	[rasa]
nasmaak (de)	rasa kesan	[rasa kɛsan]
volgen een dieet	berdiet	[berdiet]
dieet (het)	diet	[diet]
vitamine (de)	vitamin	[vitamin]
calorie (de)	kalori	[kalori]
vegetariër (de)	vegetarian	[vegetarian]
vegetarisch (bn)	vegetarian	[vegetarian]
vetten (mv.)	lemak	[lɛmak]
eiwitten (mv.)	protein	[protein]
koolhydraten (mv.)	karbohidrat	[karbohidrat]
snede (de)	irisan	[irisan]
stuk (bijv. een ~ taart)	potongan	[potoŋan]
kruimel (de)	remah	[remah]

43. Tafelschikking

lepel (de)	sudu	[sudu]
mes (het)	pisau	[pisau]
vork (de)	garpu	[garpu]
kopje (het)	cawan	[tʃavan]
bord (het)	pinggan	[piŋgan]
schoteltje (het)	alas cawan	[alas tʃavan]
servet (het)	napkin	[napkin]
tandenstoker (de)	cungkil gigi	[tʃuŋkil gigi]

44. Restaurant

restaurant (het)	restoran	[restoran]
koffiehuis (het)	kedai kopi	[kɛdaj kopi]
bar (de)	bar	[bar]
tearoom (de)	ruang teh	[ruaŋ te]
kelner, ober (de)	pelayan	[pɛlajan]
serveerster (de)	pelayan perempuan	[pɛlajan pɛrɛmpuan]
barman (de)	pelayan bar	[pɛlajan bar]
menu (het)	menu	[menu]
wijnkaart (de)	kad wain	[kad vajn]
een tafel reserveren	menempah meja	[mɛnɛmpah medʒa]
gerecht (het)	masakan	[masakan]
bestellen (eten ~)	menempah	[mɛnɛmpah]
een bestelling maken	menempah	[mɛnɛmpah]
aperitief (de/het)	aperitif	[aperitif]
voorgerecht (het)	pembuka selera	[pɛmbuka sɛlera]
dessert (het)	pencuci mulut	[pɛntʃutʃi mulut]
rekening (de)	bil	[bil]
de rekening betalen	membayar bil	[mɛmbajar bil]
wisselgeld teruggeven	memberi wang baki	[mɛmbri vaŋ baki]
fooi (de)	tip	[tip]

Familie, verwanten en vrienden

45. Persoonlijke informatie. Formulieren

naam (de)	nama	[nama]
achternaam (de)	nama keluarga	[nama kɛluarga]
geboortedatum (de)	tarikh lahir	[tarih lahir]
geboorteplaats (de)	tempat lahir	[tɛmpat lahir]
nationaliteit (de)	bangsa	[baŋsa]
woonplaats (de)	tempat kediaman	[tɛmpat kediaman]
land (het)	negara	[nɛgara]
beroep (het)	profesion	[profesion]
geslacht	jenis kelamin	[dʒɛnis kɛlamin]
(ov. het vrouwelijk ~)		
lengte (de)	tinggi badan	[tiŋgi badan]
gewicht (het)	berat	[brat]

46. Familieleden. Verwanten

moeder (de)	ibu	[ibu]
vader (de)	bapa	[bapa]
zoon (de)	anak lelaki	[anak lɛlaki]
dochter (de)	anak perempuan	[anak pɛrɛmpuan]
jongste dochter (de)	anak perempuan bungsu	[anak pɛrɛmpuan buŋsu]
jongste zoon (de)	anak lelali bungsu	[anak lɛlali buŋsu]
oudste dochter (de)	anak perempuan sulung	[anak pɛrɛmpuan suluŋ]
oudste zoon (de)	anak lelaki sulung	[anak lɛlaki suluŋ]
broer (de)	saudara	[saudara]
oudere broer (de)	abang	[abaŋ]
jongere broer (de)	adik lelaki	[adik lɛlaki]
zuster (de)	saudara perempuan	[saudara pɛrɛmpuan]
oudere zuster (de)	kakak perempuan	[kakak pɛrɛmpuan]
jongere zuster (de)	adik perempuan	[adik pɛrɛmpuan]
neef (zoon van oom, tante)	sepupu lelaki	[sɛpupu lɛlaki]
nicht (dochter van oom, tante)	sepupu perempuan	[sɛpupu pɛrɛmpuan]
mama (de)	ibu	[ibu]
papa (de)	bapa	[bapa]
ouders (mv.)	ibu bapa	[ibu bapa]
kind (het)	anak	[anak]
kinderen (mv.)	anak-anak	[anak anak]
oma (de)	nenek	[nenek]

opa (de)	datuk	[datuk]
kleinzoon (de)	cucu lelaki	[tʃutʃu lɛlaki]
kleindochter (de)	cucu perempuan	[tʃutʃu pɛrɛmpuan]
kleinkinderen (mv.)	cucu-cicit	[tʃutʃu tʃitʃit]
oom (de)	pak cik	[pak tʃik]
tante (de)	mak cik	[mak tʃik]
neef (zoon van broer, zus)	anak saudara lelaki	[anak saudara lɛlaki]
nicht (dochter van broer, zus)	anak saudara perempuan	[anak saudara pɛrɛmpuan]
schoonmoeder (de)	ibu mertua	[ibu mɛrtua]
schoonvader (de)	bapa mertua	[bapa mɛrtua]
schoonzoon (de)	menantu lelaki	[mɛnantu lɛlaki]
stiefmoeder (de)	ibu tiri	[ibu tiri]
stiefvader (de)	bapa tiri	[bapa tiri]
zuigeling (de)	bayi	[baji]
wiegenkind (het)	bayi	[baji]
kleuter (de)	budak kecil	[budak kɛtʃil]
vrouw (de)	isteri	[istri]
man (de)	suami	[suami]
echtgenoot (de)	suami	[suami]
echtgenote (de)	isteri	[istri]
gehuwd (mann.)	berkahwin, beristeri	[bɛrkahvin], [bɛristri]
gehuwd (vrouw.)	berkahwin, bersuami	[bɛrkahvin], [bɛrsuami]
ongehuwd (mann.)	bujang	[budʒaŋ]
vrijgezel (de)	bujang	[budʒaŋ]
gescheiden (bn)	bercerai	[bɛrtʃɛraj]
weduwe (de)	balu	[balu]
weduwnaar (de)	duda	[duda]
familielid (het)	saudara	[saudara]
dichte familielid (het)	keluarga dekat	[kɛluarga dɛkat]
verre familielid (het)	saudara jauh	[saudara dʒauh]
familieleden (mv.)	keluarga	[kɛluarga]
wees (de), weeskind (het)	piatu	[piatu]
voogd (de)	wali	[vali]
adopteren (een jongen te ~)	mengangkat anak lelaki	[mɛŋaŋkat anak lɛlaki]
adopteren (een meisje te ~)	mengangkat anak perempuan	[mɛŋaŋkat anak pɛrɛmpuan]

Geneeskunde

47. Ziekten

ziekte (de)	penyakit	[pɛnjakit]
ziek zijn (ww)	sakit	[sakit]
gezondheid (de)	kesihatan	[kɛsihatan]
snotneus (de)	hidung berair	[hiduŋ bɛrair]
angina (de)	radang tenggorok	[radaŋ tɛŋgorok]
verkoudheid (de)	selesema	[sɛlsɛma]
verkouden raken (ww)	demam selesema	[dɛmam sɛlsɛma]
bronchitis (de)	bronkitis	[broŋkitis]
longontsteking (de)	radang paru-paru	[radaŋ paru paru]
griep (de)	selesema	[sɛlsɛma]
bijziend (bn)	rabun jauh	[rabun dʒauh]
verziend (bn)	rabun dekat	[rabun dɛkat]
scheelheid (de)	mata juling	[mata dʒuliŋ]
scheel (bn)	bermata juling	[bɛrmata dʒuliŋ]
grauwe staar (de)	katarak	[katarak]
glaucoom (het)	glaukoma	[glaukoma]
beroerte (de)	angin amhar	[aŋin amhar]
hartinfarct (het)	serangan jantung	[sɛraŋan dʒantuŋ]
myocardiaal infarct (het)	serangan jantung	[sɛraŋan dʒantuŋ]
verlamming (de)	lumpuh	[lumpuh]
verlammen (ww)	melumpuhkan	[mɛlumpuhkan]
allergie (de)	alahan	[alahan]
astma (de/het)	penyakit lelah	[pɛnjakit lɛlah]
diabetes (de)	diabetes	[diabetes]
tandpijn (de)	sakit gigi	[sakit gigi]
tandbederf (het)	karies	[karis]
diarree (de)	cirit-birit	[tʃirit birit]
constipatie (de)	sembelit	[sɛmbɛlit]
maagstoornis (de)	sakit perut	[sakit prut]
voedselvergiftiging (de)	keracunan	[kɛratʃunan]
voedselvergiftiging oplopen	keracunan	[kɛratʃunan]
artritis (de)	artritis	[artritis]
rachitis (de)	penyakit riket	[penjakit riket]
reuma (het)	reumatisme	[reumatismɛ]
arteriosclerose (de)	aterosklerosis	[aterosklerosis]
gastritis (de)	gastritis	[gastritis]
blindedarmontsteking (de)	apendisitis	[apendisitis]

| galblaasontsteking (de) | radang pundi hempedu | [radaŋ pundi hɛmpɛdu] |
| zweer (de) | ulser | [ulser] |

mazelen (mv.)	campak	[tʃampak]
rodehond (de)	penyakit campak Jerman	[pɛnjakit tʃampak dʒerman]
geelzucht (de)	sakit kuning	[sakit kuniŋ]
leverontsteking (de)	hepatitis	[hepatitis]

schizofrenie (de)	skizofrenia	[skizofrenia]
dolheid (de)	penyakit anjing gila	[pɛnjakit andʒiŋ gila]
neurose (de)	neurosis	[neurosis]
hersenschudding (de)	gegaran otak	[gɛgaran otak]

kanker (de)	barah, kanser	[barah], [kansɛr]
sclerose (de)	sklerosis	[sklerosis]
multiple sclerose (de)	sklerosis berbilang	[sklerosis bɛrbilaŋ]

alcoholisme (het)	alkoholisme	[alkoholismɛ]
alcoholicus (de)	kaki arak	[kaki arak]
syfilis (de)	sifilis	[sifilis]
AIDS (de)	AIDS	[ejds]

tumor (de)	tumor	[tumor]
kwaadaardig (bn)	ganas	[ganas]
goedaardig (bn)	bukan barah	[bukan barah]

koorts (de)	demam	[dɛmam]
malaria (de)	malaria	[malaria]
gangreen (het)	kelemayuh	[kɛlɛmajuh]
zeeziekte (de)	mabuk laut	[mabuk laut]
epilepsie (de)	epilepsi	[epilepsi]

epidemie (de)	wabak	[vabak]
tyfus (de)	tifus	[tifus]
tuberculose (de)	tuberkulosis	[tubɛrkulosis]
cholera (de)	penyakit taun	[pɛnjakit taun]
pest (de)	sampar	[sampar]

48. Symptomen. Behandelingen. Deel 1

symptoom (het)	tanda	[tanda]
temperatuur (de)	suhu	[suhu]
verhoogde temperatuur (de)	suhu tinggi	[suhu tiŋgi]
polsslag (de)	nadi	[nadi]

duizeling (de)	rasa pening	[rasa pɛniŋ]
heet (erg warm)	panas	[panas]
koude rillingen (mv.)	gigil	[gigil]
bleek (bn)	pucat	[putʃat]

hoest (de)	batuk	[batuk]
hoesten (ww)	batuk	[batuk]
niezen (ww)	bersin	[bɛrsin]
flauwte (de)	pengsan	[peŋsan]

Nederlands	Maleis	Uitspraak
flauwvallen (ww)	jatuh pengsan	[dʒatuh peŋsan]
blauwe plek (de)	luka lebam	[luka lɛbam]
buil (de)	bengkak	[beŋkak]
zich stoten (ww)	melanggar	[mɛlaŋgar]
kneuzing (de)	luka memar	[luka mɛmar]
kneuzen (gekneusd zijn)	kena luka memar	[kɛna luka mɛmar]
hinken (ww)	berjalan pincang	[bɛrdʒalan pintʃaŋ]
verstuiking (de)	seliuh	[sɛliuh]
verstuiken (enkel, enz.)	terseliuh	[tɛrɛeliuh]
breuk (de)	patah	[patah]
een breuk oplopen	patah	[patah]
snijwond (de)	hirisan	[hirisan]
zich snijden (ww)	terhiris	[tɛrhiris]
bloeding (de)	pendarahan	[pɛndarahan]
brandwond (de)	luka bakar	[luka bakar]
zich branden (ww)	terkena luka bakar	[tɛrkɛna luka bakar]
prikken (ww)	mencucuk	[mɛntʃutʃuk]
zich prikken (ww)	tercucuk	[tɛrtʃutʃuk]
blesseren (ww)	mencedera	[mntʃɛdɛra]
blessure (letsel)	cedera	[tʃɛdɛra]
wond (de)	cedera	[tʃɛdɛra]
trauma (het)	trauma	[trauma]
ijlen (ww)	meracau	[mɛratʃau]
stotteren (ww)	gagap	[gagap]
zonnesteek (de)	strok matahari	[strok matahari]

49. Symptomen. Behandelingen. Deel 2

Nederlands	Maleis	Uitspraak
pijn (de)	sakit	[sakit]
splinter (de)	selumbar	[sɛlumbar]
zweet (het)	peluh	[pɛluh]
zweten (ww)	berpeluh	[bɛrpɛluh]
braking (de)	muntah	[muntah]
stuiptrekkingen (mv.)	kekejangan	[kɛkɛdʒaŋan]
zwanger (bn)	hamil	[hamil]
geboren worden (ww)	dilahirkan	[dilahirkan]
geboorte (de)	kelahiran	[kɛlahiran]
baren (ww)	melahirkan	[mɛlahirkan]
abortus (de)	pengguguran anak	[pɛŋguguran anak]
ademhaling (de)	pernafasan	[pɛrnafasan]
inademing (de)	tarikan nafas	[tarikan nafas]
uitademing (de)	penghembusan nafas	[pɛŋɣɛmbusan nafas]
uitademen (ww)	menghembuskan nafas	[mɛŋɣɛmbuskan nafas]
inademen (ww)	menarik nafas	[mɛnarik nafas]
invalide (de)	orang kurang upaya	[oraŋ kuraŋ upaja]
gehandicapte (de)	orang kurang upaya	[oraŋ kuraŋ upaja]

drugsverslaafde (de)	penagih dadah	[pɛnagih dadah]
doof (bn)	tuli	[tuli]
stom (bn)	bisu	[bisu]
doofstom (bn)	bisu tuli	[bisu tuli]
krankzinnig (bn)	gila	[gila]
krankzinnige (man)	lelaki gila	[lɛlaki gila]
krankzinnige (vrouw)	perempuan gila	[pɛrɛmpuan gila]
krankzinnig worden	menjadi gila	[mɛndʒadi gila]
gen (het)	gen	[gen]
immuniteit (de)	kekebalan	[kɛkɛbalan]
erfelijk (bn)	pusaka, warisan	[pusaka], [varisan]
aangeboren (bn)	bawaan	[bavaan]
virus (het)	virus	[virus]
microbe (de)	kuman	[kuman]
bacterie (de)	kuman	[kuman]
infectie (de)	jangkitan	[dʒaŋkitan]

50. Symptomen. Behandelingen. Deel 3

ziekenhuis (het)	hospital	[hospital]
patiënt (de)	pesakit	[pɛsakit]
diagnose (de)	diagnosis	[diagnosis]
genezing (de)	rawatan	[ravatan]
medische behandeling (de)	rawatan	[ravatan]
onder behandeling zijn	berubat	[bɛrubat]
behandelen (ww)	merawat	[mɛravat]
zorgen (zieken ~)	merawat	[mɛravat]
ziekenzorg (de)	jagaan	[dʒagaan]
operatie (de)	pembedahan, surgeri	[pɛmbɛdahan], ['sødʒeri]
verbinden (een arm ~)	membalut	[membalut]
verband (het)	pembalutan	[pɛmbalutan]
vaccin (het)	suntikan	[suntikan]
inenten (vaccineren)	menanam cacar	[mɛnanam tʃatʃar]
injectie (de)	cucukan, injeksi	[tʃutʃukan], [indʒeksi]
een injectie geven	membuat suntikan	[mɛmbuat suntikan]
aanval (de)	serangan	[sɛraŋan]
amputatie (de)	pemotongan	[pɛmotoŋan]
amputeren (ww)	memotong	[mɛmotoŋ]
coma (het)	keadaan koma	[kɛadaan koma]
in coma liggen	dalam keadaan koma	[dalam kɛadaan koma]
intensieve zorg, ICU (de)	rawatan rapi	[ravatan rapi]
zich herstellen (ww)	sembuh	[sɛmbuh]
toestand (de)	keadaan	[kɛadaan]
bewustzijn (het)	kesedaran	[kɛsedaran]
geheugen (het)	ingatan	[iŋatan]
trekken (een kies ~)	mencabut	[mɛntʃabut]

vulling (de)	tampal gigi	[tampal gigi]
vullen (ww)	menampal	[mɛnampal]

hypnose (de)	hipnosis	[hipnosis]
hypnotiseren (ww)	menghipnosis	[mɛŋɣipnosis]

51. Artsen

dokter, arts (de)	doktor	[doktor]
ziekenzuster (de)	jururawat	[dʒururavat]
lijfarts (de)	doktor peribadi	[doktor pribadi]
tandarts (de)	doktor gigi	[doktor gigi]
oogarts (de)	doktor mata	[doktor mata]
therapeut (de)	doktor am	[doktor am]
chirurg (de)	doktor bedah	[doktor bɛdah]
psychiater (de)	doktor penyakit jiwa	[doktor pɛnjakit dʒiva]
pediater (de)	doktor kanak-kanak	[doktor kanak kanak]
psycholoog (de)	pakar psikologi	[pakar psikologi]
gynaecoloog (de)	doktor sakit puan	[doktor sakit puan]
cardioloog (de)	pakar kardiologi	[pakar kardiologi]

52. Geneeskunde. Medicijnen. Accessoires

geneesmiddel (het)	ubat	[ubat]
middel (het)	ubat	[ubat]
voorschrijven (ww)	mempreskripsikan	[mɛmpreskripsikan]
recept (het)	preskripsi	[preskripsi]
tablet (de/het)	pil	[pil]
zalf (de)	ubat sapu	[ubat sapu]
ampul (de)	ampul	[ampul]
drank (de)	ubat cair	[ubat tʃair]
siroop (de)	sirup	[sirup]
pil (de)	pil	[pil]
poeder (de/het)	serbuk	[sɛrbuk]
verband (het)	kain pembalut	[kain pɛmbalut]
watten (mv.)	kapas	[kapas]
jodium (het)	iodin	[iodin]
pleister (de)	plaster	[plastɛr]
pipet (de)	pipet	[pipet]
thermometer (de)	meter suhu	[metɛr suhu]
spuit (de)	picagari	[pitʃagari]
rolstoel (de)	kerusi roda	[krusi roda]
krukken (mv.)	tongkat ketiak	[toŋkat kɛtiak]
pijnstiller (de)	ubat penahan sakit	[ubat pɛnahan sakit]
laxeermiddel (het)	julap	[dʒulap]

spiritus (de)	alkohol	[alkohol]
medicinale kruiden (mv.)	herba perubatan	[hɛrba pɛrubatan]
kruiden- (abn)	herba	[hɛrba]

HET MENSELIJKE LEEFGEBIED

Stad

53. Stad. Het leven in de stad

stad (de)	bandar	[bandar]
hoofdstad (de)	ibu negara	[ibu nɛgara]
dorp (het)	kampung	[kampuŋ]
plattegrond (de)	pelan bandar	[plan bandar]
centrum (ov. een stad)	pusat bandar	[pusat bandar]
voorstad (de)	pinggir bandar	[piŋgir bandar]
voorstads- (abn)	pinggir bandar	[piŋgir bandar]
randgemeente (de)	pinggir	[piŋgir]
omgeving (de)	persekitaran	[pɛrsekitaran]
blok (huizenblok)	blok	[blok]
woonwijk (de)	blok kediaman	[blok kɛdiaman]
verkeer (het)	lalu lintas, trafik	[lalu lintas], [trafik]
verkeerslicht (het)	lampu isyarat	[lampu iɕarat]
openbaar vervoer (het)	pengangkutan awam bandar	[pɛŋaŋkutan avam bandar]
kruispunt (het)	persimpangan	[pɛrsimpaŋan]
zebrapad (oversteekplaats)	lintasan pejalan kaki	[lintasan pɛdʒalan kaki]
onderdoorgang (de)	terowong pejalan kaki	[tɛrovoŋ pɛdʒalan kaki]
oversteken (de straat ~)	melintas	[mɛlintas]
voetganger (de)	pejalan kaki	[pɛdʒalan kaki]
trottoir (het)	kaki lima	[kaki lima]
brug (de)	jambatan	[dʒambatan]
dijk (de)	jalan tepi sungai	[dʒalan tɛpi suŋaj]
fontein (de)	pancutan air	[pantʃutan air]
allee (de)	lorong	[loroŋ]
park (het)	taman	[taman]
boulevard (de)	boulevard	[bulevard]
plein (het)	dataran	[dataran]
laan (de)	lebuh	[lɛbuh]
straat (de)	jalan	[dʒalan]
zijstraat (de)	lorong	[loroŋ]
doodlopende straat (de)	buntu	[buntu]
huis (het)	rumah	[rumah]
gebouw (het)	bangunan	[baŋunan]
wolkenkrabber (de)	cakar langit	[tʃakar laŋit]
gevel (de)	muka	[muka]

dak (het)	bumbung	[bumbuŋ]
venster (het)	tingkap	[tiŋkap]
boog (de)	lengkung	[lɛŋkuŋ]
pilaar (de)	tiang	[tiaŋ]
hoek (ov. een gebouw)	sudut	[sudut]
vitrine (de)	cermin pameran	[ʧɛrmin pameran]
gevelreclame (de)	papan nama	[papan nama]
affiche (de/het)	poster	[postɛr]
reclameposter (de)	poster iklan	[postɛr iklan]
aanplakbord (het)	papan iklan	[papan iklan]
vuilnis (de/het)	sampah	[sampah]
vuilnisbak (de)	tong sampah	[toŋ sampah]
afval weggooien (ww)	menyepah	[mɛnjepah]
stortplaats (de)	tempat sampah	[tɛmpat sampah]
telefooncel (de)	pondok telefon	[pondok telefon]
straatlicht (het)	tiang lampu jalan	[tiaŋ lampu dʒalan]
bank (de)	bangku	[baŋku]
politieagent (de)	anggota polis	[aŋgota polis]
politie (de)	polis	[polis]
zwerver (de)	pengemis	[pɛŋɛmis]
dakloze (de)	orang yang tiada tempat berteduh	[oraŋ jaŋ tiada tɛmpat bɛrtɛduh]

54. Stedelijke instellingen

winkel (de)	kedai	[kɛdaj]
apotheek (de)	kedai ubat	[kɛdaj ubat]
optiek (de)	kedai optik	[kɛdaj optik]
winkelcentrum (het)	pusat membeli-belah	[pusat membli blah]
supermarkt (de)	pasaraya	[pasaraja]
bakkerij (de)	kedai roti	[kɛdaj roti]
bakker (de)	pembakar roti	[pɛmbakar roti]
banketbakkerij (de)	kedai kuih	[kɛdaj kuih]
kruidenier (de)	barang-barang runcit	[baraŋ baraŋ runʧit]
slagerij (de)	kedai daging	[kɛdaj dagiŋ]
groentewinkel (de)	kedai sayur	[kɛdaj sajur]
markt (de)	pasar	[pasar]
koffiehuis (het)	kedai kopi	[kɛdaj kopi]
restaurant (het)	restoran	[restoran]
bar (de)	kedai bir	[kɛdaj bir]
pizzeria (de)	kedai piza	[kɛdaj piza]
kapperssalon (de/het)	kedai gunting rambut	[kɛdaj guntiŋ rambut]
postkantoor (het)	pejabat pos	[pɛdʒabat pos]
stomerij (de)	kedai cucian kering	[kedaj ʧuʧian kɛriŋ]
fotostudio (de)	studio foto	[studio foto]
schoenwinkel (de)	kedai kasut	[kɛdaj kasut]

Nederlands	Maleis	Uitspraak
boekhandel (de)	kedai buku	[kɛdaj buku]
sportwinkel (de)	kedai barang sukan	[kɛdaj baraŋ sukan]
kledingreparatie (de)	pembaikan baju	[pɛmbaikan badʒu]
kledingverhuur (de)	sewaan kostum	[sevaan kostum]
videotheek (de)	sewa filem	[seva filɛm]
circus (de/het)	sarkas	[sarkas]
dierentuin (de)	zoo	[zu]
bioscoop (de)	pawagam	[pavagam]
museum (het)	muzium	[muzium]
bibliotheek (de)	perpustakaan	[pɛrpustakaan]
theater (het)	teater	[teatɛr]
opera (de)	opera	[opɛra]
nachtclub (de)	kelab malam	[klab malam]
casino (het)	kasino	[kasino]
moskee (de)	masjid	[masdʒid]
synagoge (de)	saumaah	[saumaah]
kathedraal (de)	katedral	[katɛdral]
tempel (de)	rumah ibadat	[rumah ibadat]
kerk (de)	gereja	[gɛredʒa]
instituut (het)	institut	[institut]
universiteit (de)	universiti	[univɛrsiti]
school (de)	sekolah	[sɛkolah]
gemeentehuis (het)	prefekture	[prefekturɛ]
stadhuis (het)	dewan bandaran	[devan bandaran]
hotel (het)	hotel	[hotel]
bank (de)	bank	[baŋk]
ambassade (de)	kedutaan besar	[kɛdutaan bɛsar]
reisbureau (het)	agensi pelancongan	[agensi pɛlantʃoŋan]
informatieloket (het)	pejabat penerangan	[pɛdʒabat pɛnɛraŋan]
wisselkantoor (het)	pusat pertukaran mata wang	[pusat pɛrtukaran mata vaŋ]
metro (de)	LRT	[ɛl ar ti]
ziekenhuis (het)	hospital	[hospital]
benzinestation (het)	stesen minyak	[stesen minjak]
parking (de)	tempat letak kereta	[tɛmpat lɛtak kreta]

55. Borden

Nederlands	Maleis	Uitspraak
gevelreclame (de)	papan nama	[papan nama]
opschrift (het)	tulisan	[tulisan]
poster (de)	poster	[postɛr]
wegwijzer (de)	penunjuk	[pɛnundʒuk]
pijl (de)	anak panah	[anak panah]
waarschuwing (verwittiging)	peringatan	[pɛriŋatan]
waarschuwingsbord (het)	amaran	[amaran]

waarschuwen (ww)	memperingati	[mɛmpɛriŋati]
vrije dag (de)	hari kelepasan	[hari kɛlɛpasan]
dienstregeling (de)	jadual waktu	[dʒadual vaktu]
openingsuren (mv.)	waktu pejabat	[vaktu pɛdʒabat]
WELKOM!	SELAMAT DATANG!	[sɛlamat dataŋ]
INGANG	MASUK	[masuk]
UITGANG	KELUAR	[kɛluar]
DUWEN	TOLAK	[tolak]
TREKKEN	TARIK	[tarik]
OPEN	BUKA	[buka]
GESLOTEN	TUTUP	[tutup]
DAMES	PEREMPUAN	[pɛrɛmpuan]
HEREN	LELAKI	[lɛlaki]
KORTING	POTONGAN	[potoŋan]
UITVERKOOP	JUALAN MURAH	[dʒualan murah]
NIEUW!	BARU!	[baru]
GRATIS	PERCUMA	[pɛrtʃuma]
PAS OP!	PERHATIAN!	[pɛrhatian]
VOLGEBOEKT	TIDAK ADA TEMPAT DUDUK YANG KOSONG	[tidak ada tɛmpat duduk jaŋ kosoŋ]
GERESERVEERD	DITEMPAH	[ditɛmpah]
ADMINISTRATIE	PENTADBIRAN	[pɛntadbiran]
ALLEEN VOOR PERSONEEL	KAKITANGAN SAJA	[kakitaŋan sadʒa]
GEVAARLIJKE HOND	AWAS, ANJING GANAS!	[avas], [andʒiŋ ganas]
VERBODEN TE ROKEN!	DILARANG MEROKOK!	[dilaraŋ mɛrokok]
NIET AANRAKEN!	JANGAN SENTUH!	[dʒaŋan sɛntuh]
GEVAARLIJK	BERBAHAYA	[bɛrbahaja]
GEVAAR	BAHAYA	[bahaja]
HOOGSPANNING	VOLTAN TINGGI	[voltan tiŋgi]
VERBODEN TE ZWEMMEN	DILARANG BERENANG!	[dilaraŋ bɛrɛnaŋ]
BUITEN GEBRUIK	ROSAK	[rosak]
ONTVLAMBAAR	MUDAH TERBAKAR	[mudah tɛrbakar]
VERBODEN	DILARANG	[dilaraŋ]
DOORGANG VERBODEN	DILARANG MASUK!	[dilaraŋ masuk]
OPGELET PAS GEVERFD	CAT BASAH	[tʃat basah]

56. Stedelijk vervoer

bus, autobus (de)	bas	[bas]
tram (de)	trem	[trem]
trolleybus (de)	bas elektrik	[bas elektrik]
route (de)	laluan	[laluan]
nummer (busnummer, enz.)	nombor	[nombor]
rijden met …	naik	[naik]

stappen (in de bus ~)	naik	[naik]
afstappen (ww)	turun	[turun]
halte (de)	perhentian	[pɛrhɛntian]
volgende halte (de)	perhentian berikut	[pɛrhɛntian bɛrikut]
eindpunt (het)	perhentian akhir	[pɛrhɛntian aχir]
dienstregeling (de)	jadual waktu	[dʒadual vaktu]
wachten (ww)	menunggu	[mɛnuŋgu]
kaartje (het)	tiket	[tiket]
reiskosten (de)	harga tiket	[harga tiket]
kassier (de)	juruwang, kasyier	[dʒuruvaŋ], [kaʃier]
kaartcontrole (de)	pemeriksaan tiket	[pɛmɛriksaan tiket]
controleur (de)	konduktor	[konduktor]
te laat zijn (ww)	lambat	[lambat]
missen (de bus ~)	ketinggalan	[kɛtiŋgalan]
zich haasten (ww)	tergesa-gesa	[tɛrgɛsa gɛsa]
taxi (de)	teksi	[teksi]
taxichauffeur (de)	pemandu teksi	[pɛmandu teksi]
met de taxi (bw)	naik teksi	[naik tɛksi]
taxistandplaats (de)	perhentian teksi	[pɛrhɛntian teksi]
een taxi bestellen	memanggil teksi	[mɛmaŋgil teksi]
een taxi nemen	mengambil teksi	[mɛŋambil teksi]
verkeer (het)	lalu lintas, trafik	[lalu lintas], [trafik]
file (de)	kesesakan trafik	[kɛsɛsakan trafik]
spitsuur (het)	jam sibuk	[dʒam sibuk]
parkeren (on.ww.)	meletak kereta	[mɛlɛtak kreta]
parkeren (ov.ww.)	meletak	[mɛlɛtak]
parking (de)	tempat meletak	[tɛmpat mɛlɛtak]
metro (de)	LRT	[ɛl ar ti]
halte (bijv. kleine treinhalte)	stesen	[stesen]
de metro nemen	naik LRT	[naik ɛl ar ti]
trein (de)	kereta api, tren	[kreta api], [tren]
station (treinstation)	stesen kereta api	[stesen kreta api]

57. Bezienswaardigheden

monument (het)	tugu	[tugu]
vesting (de)	kubu	[kubu]
paleis (het)	istana	[istana]
kasteel (het)	istana kota	[istana kota]
toren (de)	menara	[mɛnara]
mausoleum (het)	mausoleum	[mausoleum]
architectuur (de)	seni bina	[sɛni bina]
middeleeuws (bn)	abad pertengahan	[abad pɛrtɛŋahan]
oud (bn)	kuno	[kuno]
nationaal (bn)	nasional	[nasional]
bekend (bn)	terkenal	[tɛrkɛnal]

toerist (de)	pelancong	[pɛlantʃoŋ]
gids (de)	pemandu	[pɛmandu]
rondleiding (de)	darmawisata	[darmavisata]
tonen (ww)	menunjukkan	[mɛnundʒukkan]
vertellen (ww)	menceritakan	[mɛntʃɛritakan]
vinden (ww)	mendapati	[mɛndapati]
verdwalen (de weg kwijt zijn)	kehilangan	[kɛhilaŋan]
plattegrond (~ van de metro)	peta	[pɛta]
plattegrond (~ van de stad)	pelan	[plan]
souvenir (het)	cenderamata	[tʃɛndramata]
souvenirwinkel (de)	kedai cenderamata	[kedaj tʃɛndramata]
foto's maken	mengambil gambar	[mɛŋambil gambar]
zich laten fotograferen	bergambar	[bɛrgambar]

58. Winkelen

kopen (ww)	membeli	[mɛmbli]
aankoop (de)	belian	[blian]
winkelen (ww)	membeli-belah	[mɛmbli blah]
winkelen (het)	berbelanja	[bɛrblandʒa]
open zijn (ov. een winkel, enz.)	buka	[buka]
gesloten zijn (ww)	tutup	[tutup]
schoeisel (het)	kasut	[kasut]
kleren (mv.)	pakaian	[pakajan]
cosmetica (mv.)	alat solek	[alat solek]
voedingswaren (mv.)	bahan makanan	[bahan makanan]
geschenk (het)	hadiah	[hadiah]
verkoper (de)	penjual	[pɛndʒual]
verkoopster (de)	jurujual perempuan	[dʒurudʒual pɛrɛmpuan]
kassa (de)	tempat juruwang	[tɛmpat dʒuruvaŋ]
spiegel (de)	cermin	[tʃɛrmin]
toonbank (de)	kaunter	[kaunter]
paskamer (de)	bilik acu	[bilik atʃu]
aanpassen (ww)	mencuba	[mɛntʃuba]
passen (ov. kleren)	sesuai	[sɛsuaj]
bevallen (prettig vinden)	suka	[suka]
prijs (de)	harga	[harga]
prijskaartje (het)	tanda harga	[tanda harga]
kosten (ww)	berharga	[bɛrharga]
Hoeveel?	Berapa?	[brapa]
korting (de)	potongan	[potoŋan]
niet duur (bn)	tidak mahal	[tidak mahal]
goedkoop (bn)	murah	[murah]
duur (bn)	mahal	[mahal]

Dat is duur.	Ini mahal	[ini mahal]
verhuur (de)	sewaan	[sevaan]
huren (smoking, enz.)	menyewa	[mɛnjeva]
krediet (het)	pinjaman	[pindʒaman]
op krediet (bw)	dengan pinjaman sewa beli	[dɛŋan pindʒaman seva eli]

59. Geld

geld (het)	wang	[vaŋ]
ruil (de)	pertukaran	[pɛrtukaran]
koers (de)	kadar pertukaran	[kadar pɛrtukaran]
geldautomaat (de)	ATM	[ɛj ti ɛm]
muntstuk (de)	syiling	[ʃiliŋ]
dollar (de)	dolar	[dolar]
euro (de)	euro	[euro]
lire (de)	lire Itali	[lirɛ itali]
Duitse mark (de)	Deutsche Mark	[dojtʃe mark]
frank (de)	franc	[fraŋk]
pond sterling (het)	paun	[paun]
yen (de)	yen	[jen]
schuld (geldbedrag)	hutang	[hutaŋ]
schuldenaar (de)	si berhutang	[si bɛrhutaŋ]
uitlenen (ww)	meminjamkan	[mɛmindʒamkan]
lenen (geld ~)	meminjam	[mɛmindʒam]
bank (de)	bank	[baŋk]
bankrekening (de)	akaun	[akaun]
storten (ww)	memasukkan	[mɛmasukkan]
op rekening storten	memasukkan ke dalam akaun	[mɛmasukkan ke dalam akaun]
opnemen (ww)	mengeluarkan wang	[mɛŋɛluarkan vaŋ]
kredietkaart (de)	kad kredit	[kad kredit]
baar geld (het)	wang tunai	[vaŋ tunaj]
cheque (de)	cek	[tʃek]
een cheque uitschrijven	menulis cek	[mɛnulis tʃek]
chequeboekje (het)	buku cek	[buku tʃek]
portefeuille (de)	beg duit	[beg duit]
geldbeugel (de)	dompet	[dompet]
safe (de)	peti besi	[pɛti bɛsi]
erfgenaam (de)	pewaris	[pɛvaris]
erfenis (de)	warisan	[varisan]
fortuin (het)	kekayaan	[kɛkajaan]
huur (de)	sewa	[seva]
huurprijs (de)	sewa rumah	[seva rumah]
huren (huis, kamer)	menyewa	[mɛnjeva]
prijs (de)	harga	[harga]
kostprijs (de)	kos	[kos]

som (de)	jumlah	[dʒumlah]
uitgeven (geld besteden)	menghabiskan	[mɛɲabiskan]
kosten (mv.)	belanja	[blandʒa]
bezuinigen (ww)	menjimatkan	[mɛndʒimatkan]
zuinig (bn)	cermat	[tʃɛrmat]

betalen (ww)	membayar	[mɛmbajar]
betaling (de)	pembayaran	[pɛmbajaran]
wisselgeld (het)	sisa wang	[sisa vaŋ]

belasting (de)	cukai	[tʃukaj]
boete (de)	denda	[dɛnda]
beboeten (bekeuren)	mendenda	[mɛndɛnda]

60. Post. Postkantoor

postkantoor (het)	pejabat pos	[pɛdʒabat pos]
post (de)	mel	[mel]
postbode (de)	posmen	[posmen]
openingsuren (mv.)	waktu pejabat	[vaktu pɛdʒabat]

brief (de)	surat	[surat]
aangetekende brief (de)	surat berdaftar	[surat bɛrdaftar]
briefkaart (de)	poskad	[poskad]
telegram (het)	telegram	[telegram]
postpakket (het)	kiriman pos	[kiriman pos]
overschrijving (de)	kiriman wang	[kiriman vaŋ]

ontvangen (ww)	menerima	[mɛnɛrima]
sturen (zenden)	mengirim	[mɛɲirim]
verzending (de)	pengiriman	[pɛɲiriman]

adres (het)	alamat	[alamat]
postcode (de)	poskod	[poskod]
verzender (de)	pengirim	[pɛɲirim]
ontvanger (de)	penerima	[pɛnɛrima]

| naam (de) | nama | [nama] |
| achternaam (de) | nama keluarga | [nama kɛluarga] |

tarief (het)	tarif	[tarif]
standaard (bn)	biasa, lazim	[biasa], [lazim]
zuinig (bn)	ekonomik	[ekonomik]

gewicht (het)	berat	[brat]
afwegen (op de weegschaal)	menimbang	[mɛnimbaŋ]
envelop (de)	sampul surat	[sampul surat]
postzegel (de)	setem	[sɛtem]
een postzegel plakken op	melekatkan setem	[mɛlɛkatkan ɛetem]

Woning. Huis. Thuis

61. Huis. Elektriciteit

elektriciteit (de)	t'naga elektrik	[tenaga elektrik]
lamp (de)	bal lampu	[bal lampu]
schakelaar (de)	suis	[suis]
zekering (de)	fius	[fius]
draad (de)	kawat, wayar	[kavat], [vajar]
bedrading (de)	pemasangan wayar	[pɛmasaŋan vajar]
elektriciteitsmeter (de)	meter elektrik	[metɛr elektrik]
gegevens (mv.)	bacaan	[batʃaan]

62. Villa. Herenhuis

landhuisje (het)	rumah luar bandar	[rumah luar bandar]
villa (de)	vila	[vila]
vleugel (de)	sayap	[sajap]
tuin (de)	kebun	[kɛbun]
park (het)	taman	[taman]
oranjerie (de)	rumah hijau	[rumah hidʒau]
onderhouden (tuin, enz.)	memelihara	[mɛmɛlihara]
zwembad (het)	kolam renang	[kolam rɛnaŋ]
gym (het)	gimnasium	[gimnasium]
tennisveld (het)	gelanggang tenis	[gɛlaŋgaŋ tenis]
bioscoopkamer (de)	pawagam	[pavagam]
garage (de)	garaj	[garadʒ]
privé-eigendom (het)	harta benda persendirian	[harta bɛnda pɛrsɛndirian]
eigen terrein (het)	ladang persendirian	[ladaŋ pɛrsɛndirian]
waarschuwing (de)	peringatan	[pɛriŋatan]
waarschuwingsbord (het)	tulisan amaran	[tulisan amaran]
bewaking (de)	kawalan keselamatan	[kavalan kɛsɛlamatan]
bewaker (de)	pengawal keselamatan	[pɛŋaval kɛsɛlamatan]
inbraakalarm (het)	alat penggera	[alat pɛŋgɛra]

63. Appartement

appartement (het)	pangsapuri	[paŋsapuri]
kamer (de)	bilik	[bilik]
slaapkamer (de)	bilik tidur	[bilik tidur]

eetkamer (de)	bilik makan	[bilik makan]
salon (de)	ruang tamu	[ruaŋ tamu]
studeerkamer (de)	bilik bacaan	[bilik batʃaan]
gang (de)	ruang depan	[ruaŋ dɛpan]
badkamer (de)	bilik mandi	[bilik mandi]
toilet (het)	tandas	[tandas]
plafond (het)	siling	[siliŋ]
vloer (de)	lantai	[lantaj]
hoek (de)	sudut	[sudut]

64. Meubels. Interieur

meubels (mv.)	perabot	[pɛrabot]
tafel (de)	meja	[medʒa]
stoel (de)	kerusi	[krusi]
bed (het)	katil	[katil]
bankstel (het)	sofa	[sofa]
fauteuil (de)	kerusi tangan	[krusi taŋan]
boekenkast (de)	almari buku	[almari buku]
boekenrek (het)	rak	[rak]
kledingkast (de)	almari	[almari]
kapstok (de)	tempat sangkut baju	[tɛmpat saŋkut badʒu]
staande kapstok (de)	penyangkut kot	[pɛnjaŋkut kot]
commode (de)	almari laci	[almari latʃi]
salontafeltje (het)	meja tamu	[medʒa tamu]
spiegel (de)	cermin	[tʃɛrmin]
tapijt (het)	permaidani	[pɛrmajdani]
tapijtje (het)	ambal	[ambal]
haard (de)	perapian	[pɛrapian]
kaars (de)	linlin	[linlin]
kandelaar (de)	kaki dian	[kaki dian]
gordijnen (mv.)	langsir	[laŋsir]
behang (het)	kertas dinding	[kɛrtas dindiŋ]
jaloezie (de)	kerai	[kraj]
bureaulamp (de)	lampu meja	[lampu medʒa]
wandlamp (de)	lampu dinding	[lampu dindiŋ]
staande lamp (de)	lampu lantai	[lampu lantaj]
luchter (de)	candelier	[tʃandelir]
poot (ov. een tafel, enz.)	kaki	[kaki]
armleuning (de)	lengan	[lɛŋan]
rugleuning (de)	sandaran	[sandaran]
la (de)	laci	[latʃi]

65. Beddengoed

beddengoed (het)	linen	[linen]
kussen (het)	bantal	[bantal]
kussenovertrek (de)	sarung bantal	[saruŋ bantal]
deken (de)	selimut	[sɛlimut]
laken (het)	kain cadar	[kain tʃadar]
sprei (de)	tutup tilam bantal	[tutup tilam bantal]

66. Keuken

keuken (de)	dapur	[dapur]
gas (het)	gas	[gas]
gasfornuis (het)	dapur gas	[dapur gas]
elektrisch fornuis (het)	dapur elektrik	[dapur elektrik]
oven (de)	oven	[oven]
magnetronoven (de)	dapur gelombang mikro	[dapur gɛlombaŋ mikro]
koelkast (de)	peti sejuk	[pɛti sɛdʒuk]
diepvriezer (de)	petak sejuk beku	[petak sɛdʒuk bɛku]
vaatwasmachine (de)	mesin basuh pinggan mangkuk	[mesin basuh piŋgan maŋkuk]
vleesmolen (de)	pengisar daging	[pɛɲisar dagiŋ]
vruchtenpers (de)	pemerah jus	[pɛmɛrah dʒus]
toaster (de)	pembakar roti	[pɛmbakar roti]
mixer (de)	pengadun	[pɛŋadun]
koffiemachine (de)	pembuat kopi	[pɛmbuat kopi]
koffiepot (de)	kole kopi	[kole kopi]
koffiemolen (de)	pengisar kopi	[pɛɲisar kopi]
fluitketel (de)	cerek	[tʃerek]
theepot (de)	poci	[potʃi]
deksel (de/het)	tutup	[tutup]
theezeefje (het)	penapis the	[pɛnapis teh]
lepel (de)	sudu	[sudu]
theelepeltje (het)	sudu teh	[sudu teh]
eetlepel (de)	sudu makan	[sudu makan]
vork (de)	garpu	[garpu]
mes (het)	pisau	[pisau]
vaatwerk (het)	pinggan mangkuk	[piŋgan maŋkuk]
bord (het)	pinggan	[piŋgan]
schoteltje (het)	alas cawan	[alas tʃavan]
likeurglas (het)	gelas wain kecil	[glas vajn ketʃil]
glas (het)	gelas	[glas]
kopje (het)	cawan	[tʃavan]
suikerpot (de)	tempat gula	[tɛmpat gula]
zoutvat (het)	tempat garam	[tɛmpat garam]

pepervat (het)	tempat lada	[tɛmpat lada]
boterschaaltje (het)	tempat mentega	[tɛmpat mɛntega]

pan (de)	periuk	[priuk]
bakpan (de)	kuali	[kuali]
pollepel (de)	sendok	[sendok]
vergiet (de/het)	alat peniris	[alat pɛniris]
dienblad (het)	dulang	[dulaŋ]

fles (de)	botol	[botol]
glazen pot (de)	balang	[balaŋ]
blik (conserven~)	tin	[tin]

flesopener (de)	pembuka botol	[pɛmbuka botol]
blikopener (de)	pembuka tin	[pɛmbuka tin]
kurkentrekker (de)	skru gabus	[skru gabus]
filter (de/het)	penapis	[pɛnapis]
filteren (ww)	menapis	[mɛnapis]

huisvuil (het)	sampah	[sampah]
vuilnisemmer (de)	baldi sampah	[baldi sampah]

67. Badkamer

badkamer (de)	bilik mandi	[bilik mandi]
water (het)	air	[air]
kraan (de)	pili	[pili]
warm water (het)	air panas	[air panas]
koud water (het)	air sejuk	[air sɛdʒuk]

tandpasta (de)	ubat gigi	[ubat gigi]
tanden poetsen (ww)	memberus gigi	[mɛmbɛrus gigi]
tandenborstel (de)	berus gigi	[bɛrus gigi]

zich scheren (ww)	bercukur	[bɛrtʃukur]
scheercrème (de)	buih cukur	[buih tʃukur]
scheermes (het)	pisau cukur	[pisau tʃukur]

wassen (ww)	mencuci	[mɛntʃutʃi]
een bad nemen	mandi	[mandi]
douche (de)	pancuran mandi	[pantʃuran mandi]
een douche nemen	mandi di bawah pancuran air	[mandi di bavah pantʃuran air]

bad (het)	tab mandi	[tab mandi]
toiletpot (de)	mangkuk tandas	[maŋkuk tandas]
wastafel (de)	sink cuci tangan	[siŋk tʃutʃi taŋan]

zeep (de)	sabun	[sabun]
zeepbakje (het)	tempat sabun	[tɛmpat sabun]

spons (de)	span	[span]
shampoo (de)	syampu	[ʃampu]
handdoek (de)	tuala	[tuala]

badjas (de)	jubah mandi	[dʒubah mandi]
was (bijv. handwas)	pembasuhan	[pɛmbasuhan]
wasmachine (de)	mesin pembasuh	[mesin pɛmbasuh]
de was doen	membasuh	[mɛmbasuh]
waspoeder (de)	serbuk pencuci	[serbuk pɛntʃutʃi]

68. Huishoudelijke apparaten

televisie (de)	peti televisyen	[pɛti televiʃɛn]
cassettespeler (de)	perakam	[pɛrakam]
videorecorder (de)	perakam video	[pɛrakam video]
radio (de)	pesawat radio	[pɛsavat radio]
speler (de)	pemain	[pɛmajn]

videoprojector (de)	penayang video	[pɛnajaŋ video]
home theater systeem (het)	pawagam rumah	[pavagam rumah]
DVD-speler (de)	pemain DVD	[pɛmajn di vi di]
versterker (de)	penguat	[pɛŋwat]
spelconsole (de)	konsol permainan video	[konsol pɛrmajnan video]

videocamera (de)	kamera video	[kamera video]
fotocamera (de)	kamera foto	[kamera foto]
digitale camera (de)	kamera digital	[kamera digital]

stofzuiger (de)	pembersih vakum	[pɛmbɛrsih vakum]
strijkijzer (het)	seterika	[sɛtɛrika]
strijkplank (de)	papan seterika	[papan sɛtɛrika]

telefoon (de)	telefon	[telefon]
mobieltje (het)	telefon bimbit	[telefon bimbit]
schrijfmachine (de)	mesin taip	[mesin tajp]
naaimachine (de)	mesin jahit	[mesin dʒahit]

microfoon (de)	mikrofon	[mikrofon]
koptelefoon (de)	pendengar telinga	[pɛndɛŋar tɛliŋa]
afstandsbediening (de)	alat kawalan jauh	[alat kavalan dʒauh]

CD (de)	cakera padat	[tʃakra padat]
cassette (de)	kaset	[kaset]
vinylplaat (de)	piring hitam	[piriŋ hitam]

MENSELIJKE ACTIVITEITEN

Baan. Business. Deel 1

69. Kantoor. Op kantoor werken

kantoor (het)	pejabat	[pɛdʒabat]
kamer (de)	pejabat	[pɛdʒabat]
receptie (de)	meja sambut tetamu	[medʒa sambut tɛtamu]
secretaris (de)	setiausaha	[sɛtiausaha]
directeur (de)	pengarah	[pɛŋarah]
manager (de)	menejar	[mɛnedʒar]
boekhouder (de)	akauntan	[akauntan]
werknemer (de)	kakitangan	[kakitaŋan]
meubilair (het)	perabot	[pɛrabot]
tafel (de)	meja	[medʒa]
bureaustoel (de)	kerusi tangan	[krusi taŋan]
ladeblok (het)	almari kecil berlaci	[almari kɛtʃil bɛrlatʃi]
kapstok (de)	penyangkut kot	[pɛnjaŋkut kot]
computer (de)	komputer	[komputɛr]
printer (de)	printer	[printɛr]
fax (de)	faks	[faks]
kopieerapparaat (het)	mesin fotokopi	[mesin fotokopi]
papier (het)	kertas	[kɛrtas]
kantoorartikelen (mv.)	alat-alat tulis	[alat alat tulis]
muismat (de)	alas tetikus	[alas tɛtikus]
blad (het)	helai	[hɛlaj]
ordner (de)	folder	[foldɛr]
catalogus (de)	katalog	[katalog]
telefoongids (de)	buku rujukan	[buku rudʒukan]
documentatie (de)	dokumentasi	[dokumɛntasi]
brochure (de)	brosur	[brosur]
flyer (de)	surat sebaran	[surat sebaran]
monster (het), staal (de)	contoh	[tʃontoh]
training (de)	latihan	[latihan]
vergadering (de)	mesyuarat	[mɛɕuarat]
lunchpauze (de)	masa rehat	[masa rehat]
een kopie maken	membuat salinan	[mɛmbuat salinan]
de kopieën maken	membuat salinan	[mɛmbuat salinan]
een fax ontvangen	menerima faks	[mɛnɛrima faks]
een fax versturen	mengirim faks	[mɛɲirim faks]
opbellen (ww)	menelefon	[mɛnelefon]

| antwoorden (ww) | menjawab | [mɛndʒavab] |
| doorverbinden (ww) | menyambung | [mɛnjambuŋ] |

afspreken (ww)	menentukan	[mɛnɛntukan]
demonstreren (ww)	memperlihatkan	[mɛmpɛrlihatkan]
absent zijn (ww)	tidak hadir	[tidak hadir]
afwezigheid (de)	ketidakhadiran	[kɛtidaxadiran]

70. Bedrijfsprocessen. Deel 1

| bedrijf (business) | usaha | [usaha] |
| zaak (de), beroep (het) | pekerjaan | [pɛkɛrdʒaan] |

firma (de)	firma	[firma]
bedrijf (maatschap)	syarikat	[ɕarikat]
corporatie (de)	perbadanan	[pɛrbadanan]
onderneming (de)	perusahaan	[pɛrusahaan]
agentschap (het)	agensi	[agensi]

overeenkomst (de)	perjanjian	[pɛrdʒandʒian]
contract (het)	kontrak	[kontrak]
transactie (de)	transaksi	[transaksi]
bestelling (de)	tempahan	[tɛmpahan]
voorwaarde (de)	syarat, terma	[ɕarat], [tɛrma]

in het groot (bw)	secara borong	[sɛtʃara boroŋ]
groothandels- (abn)	borongan	[boroŋan]
groothandel (de)	jualan borong	[dʒualan boroŋ]
kleinhandels- (abn)	runcit	[runtʃit]
kleinhandel (de)	jualan runcit	[dʒualan runtʃit]

concurrent (de)	pesaing	[pɛsaiŋ]
concurrentie (de)	persaingan	[pɛrsaiŋan]
concurreren (ww)	bersaing	[bɛrsaiŋ]

| partner (de) | rakan kongsi | [rakan koŋsi] |
| partnerschap (het) | kerakanan | [kɛrakanan] |

crisis (de)	krisis	[krisis]
bankroet (het)	kebankrapan	[kɛbaŋkrapan]
bankroet gaan (ww)	jatuh bengkrap	[dʒatuh baŋkrap]
moeilijkheid (de)	kesukaran	[kɛsukaran]
probleem (het)	masalah	[masalah]
catastrofe (de)	kemalangan	[kɛmalaŋan]

economie (de)	ekonomi	[ekonomi]
economisch (bn)	ekonomi	[ekonomi]
economische recessie (de)	kemerosotan ekonomi	[kɛmɛrosotan ekonomi]

| doel (het) | tujuan | [tudʒuan] |
| taak (de) | tugas | [tugas] |

| handelen (handel drijven) | berdagang | [bɛrdagaŋ] |
| netwerk (het) | rangkaian | [raŋkajan] |

| voorraad (de) | stok | [stok] |
| assortiment (het) | pilihan | [pilihan] |

leider (de)	pemimpin	[pɛmimpin]
groot (bn)	besar	[bɛsar]
monopolie (het)	monopoli	[monopoli]

theorie (de)	teori	[teori]
praktijk (de)	praktik	[praktik]
ervaring (de)	pengalaman	[pɛŋalaman]
tendentie (de)	tendensi	[tendɛnsi]
ontwikkeling (de)	perkembangan	[pɛrkɛmbaŋan]

71. Bedrijfsprocessen. Deel 2

| voordeel (het) | keuntungan | [kɛuntuŋan] |
| voordelig (bn) | menguntungkan | [mɛŋuntuŋkan] |

delegatie (de)	delegasi	[delegasi]
salaris (het)	gaji, upah	[gadʒi], [upah]
corrigeren (fouten ~)	memperbaiki	[mɛmpɛrbaiki]
zakenreis (de)	lawatan kerja	[lavatan kɛrdʒa]
commissie (de)	suruhanjaya	[suruhandʒaja]

controleren (ww)	mengawal	[mɛŋaval]
conferentie (de)	persidangan	[pɛrsidaŋan]
licentie (de)	lesen	[lesen]
betrouwbaar (partner, enz.)	boleh diharap	[bole diharap]

aanzet (de)	inisiatif	[inisiatif]
norm (bijv. ~ stellen)	standard	[standard]
omstandigheid (de)	keadaan	[kɛadaan]
taak, plicht (de)	tugas	[tugas]

organisatie (bedrijf, zaak)	pertubuhan	[pɛrtubuhan]
organisatie (proces)	pengurusan	[pɛŋurusan]
georganiseerd (bn)	terurus	[tɛrurus]
afzegging (de)	pembatalan	[pɛmbatalan]
afzeggen (ww)	membatalkan	[mɛmbatalkan]
verslag (het)	penyata	[pɛnjata]

patent (het)	paten	[paten]
patenteren (ww)	berpaten	[bɛrpaten]
plannen (ww)	merancang	[mɛrantʃaŋ]

premie (de)	ganjaran	[gandʒaran]
professioneel (bn)	profesional	[profesional]
procedure (de)	prosedur	[prosedur]

onderzoeken (contract, enz.)	meninjau	[mɛnindʒau]
berekening (de)	penghitungan	[pɛŋɣituŋan]
reputatie (de)	reputasi	[reputasi]
risico (het)	risiko	[risiko]
beheren (managen)	memimpin	[mɛmimpin]

informatie (de)	data	[data]
eigendom (bezit)	milik	[milik]
unie (de)	kesatuan	[kɛsatuan]

levensverzekering (de)	insurans nyawa	[insurans njava]
verzekeren (ww)	menginsurans	[mɛŋinsurans]
verzekering (de)	insurans	[insurans]

veiling (de)	lelong	[leloŋ]
verwittigen (ww)	memberitahu	[mɛmbritahu]
beheer (het)	pengurusan	[pɛŋurusan]
dienst (de)	khidmat	[χidmat]

forum (het)	forum	[forum]
functioneren (ww)	berfungsi	[bɛrfuŋsi]
stap, etappe (de)	peringkat	[priŋkat]
juridisch (bn)	guaman	[guaman]
jurist (de)	peguam	[pɛguam]

72. Productie. Werken

industriële installatie (fabriek)	loji	[lodʒi]
fabriek (de)	kilang	[kilaŋ]
werkplaatsruimte (de)	bengkel	[beŋkel]
productielocatie (de)	perusahaan	[pɛrusahaan]

industrie (de)	industri	[industri]
industrieel (bn)	industri	[industri]
zware industrie (de)	industri berat	[industri brat]
lichte industrie (de)	industri ringan	[industri riŋan]

productie (de)	hasil pengeluaran	[hasil pɛŋɛluaran]
produceren (ww)	mengeluarkan	[mɛŋɛluarkan]
grondstof (de)	bahan mentah	[bahan mɛntah]

voorman, ploegbaas (de)	fomen	[fomen]
ploeg (de)	kumpulan pekerja	[kumpulan pɛkɛrdʒa]
arbeider (de)	buruh, pekerja	[buruh], [pɛkɛrdʒa]

werkdag (de)	hari kerja	[hari kɛrdʒa]
pauze (de)	perhentian	[pɛrhɛntian]
samenkomst (de)	mesyuarat	[mɛɕuarat]
bespreken (spreken over)	membincangkan	[mɛmbintʃaŋkan]

plan (het)	rancangan	[rantʃaŋan]
het plan uitvoeren	menunaikan rancangan	[mɛnunajkan rantʃaŋan]
productienorm (de)	norma keluaran	[norma kɛluaran]
kwaliteit (de)	mutu	[mutu]
controle (de)	pemeriksaan	[pɛmɛriksaan]
kwaliteitscontrole (de)	pemeriksaan mutu	[pɛmɛriksaan mutu]

arbeidsveiligheid (de)	keselamatan kerja	[kɛsɛlamatan kɛrdʒa]
discipline (de)	disiplin	[disiplin]
overtreding (de)	pelanggaran	[pɛlaŋgaran]

overtreden (ww)	melanggar	[mɛlaŋgar]
staking (de)	pemogokan	[pɛmogokan]
staker (de)	pemogok	[pɛmogok]
staken (ww)	mogok	[mogok]
vakbond (de)	kesatuan sekerja	[kɛsatuan sɛkɛrdʒa]

uitvinden (machine, enz.)	menemu	[mɛnɛmu]
uitvinding (de)	penemuan	[pɛnɛmuan]
onderzoek (het)	penyelidikan	[pɛnjelidikan]
verbeteren (beter maken)	memperbaik	[mɛmpɛrbaik]
technologie (de)	teknologi	[teknologi]
technische tekening (de)	rajah	[radʒah]

vracht (de)	muatan	[muatan]
lader (de)	pemuat	[pɛmuat]
laden (vrachtwagen)	memuat	[mɛmuat]
laden (het)	pemuatan	[pɛmuatan]
lossen (ww)	memunggah	[mɛmuŋgah]
lossen (het)	pemunggahan	[pɛmuŋgahan]

transport (het)	pengangkutan	[pɛŋaŋkutan]
transportbedrijf (de)	syarikat pengangkutan	[ɕarikat pɛŋaŋkutan]
transporteren (ww)	mengangkut	[mɛŋaŋkut]

goederenwagon (de)	gerabak barang	[gɛrabak baraŋ]
tank (bijv. ketelwagen)	tangki	[taŋki]
vrachtwagen (de)	lori	[lori]

machine (de)	mesin	[mesin]
mechanisme (het)	mekanisme	[mekanisme]

industrieel afval (het)	sisa buangan	[sisa buaŋan]
verpakking (de)	pembungkusan	[pɛmbuŋkusan]
verpakken (ww)	membungkus	[mɛmbuŋkus]

73. Contract. Overeenstemming

contract (het)	kontrak	[kontrak]
overeenkomst (de)	perjanjian	[pɛrdʒandʒian]
bijlage (de)	lampiran	[lampiran]

een contract sluiten	membuat surat perjanjian	[mɛmbuat surat pɛrdʒandʒian]
handtekening (de)	tanda tangan	[tanda taŋan]
ondertekenen (ww)	menandatangani	[mɛnandataŋani]
stempel (de)	cap	[tʃap]

voorwerp (het) van de overeenkomst	subjek perjanjian	[subdʒek pɛrdʒandʒian]
clausule (de)	fasal, perkara	[fasal], [pɛrkara]
partijen (mv.)	pihak	[pihak]

vestigingsadres (het)	alamat rasmi	[alamat rasmi]
het contract verbreken (overtreden)	melanggar perjanjian	[mɛlaŋgar pɛrdʒandʒian]

verplichting (de)	kewajipan	[kɛvadʒipan]
verantwoordelijkheid (de)	tanggungjawab	[taŋguŋdʒavab]
overmacht (de)	keadaan memaksa	[kɛadaan mɛmaksa]
geschil (het)	pertengkaran	[pɛrtɛŋkaran]
sancties (mv.)	sekatan	[sɛkatan]

74. Import & Export

import (de)	import	[import]
importeur (de)	pengimport	[pɛŋimport]
importeren (ww)	mengimport	[mɛŋimport]
import- (abn)	import	[import]

uitvoer (export)	eksport	[eksport]
exporteur (de)	pengeksport	[pɛŋeksport]
exporteren (ww)	mengeksport	[mɛŋeksport]
uitvoer- (bijv., ~goederen)	eksport	[eksport]

| goederen (mv.) | barangan | [baraŋan] |
| partij (de) | konsainan | [konsajnan] |

gewicht (het)	berat	[brat]
volume (het)	jumlah	[dʒumlah]
kubieke meter (de)	meter padu	[metɛr padu]

producent (de)	pembuat	[pɛmbuat]
transportbedrijf (de)	syarikat pengangkutan	[ɕarikat pɛŋaŋkutan]
container (de)	kontena	[kontena]

grens (de)	sempadan	[sɛmpadan]
douane (de)	kastam	[kastam]
douanerecht (het)	ikrar kastam	[ikrar kastam]
douanier (de)	anggota kastam	[aŋgota kastam]
smokkelen (het)	penyeludupan	[pɛnjeludupan]
smokkelwaar (de)	barang-barang seludupan	[baraŋ baraŋ sɛludupan]

75. Financiën

aandeel (het)	saham	[saham]
obligatie (de)	bon	[bon]
wissel (de)	bil pertukaran	[bil pɛrtukaran]

| beurs (de) | bursa | [bursa] |
| aandelenkoers (de) | harga saham | [harga saham] |

| dalen (ww) | menjadi murah | [mɛndʒadi murah] |
| stijgen (ww) | menjadi mahal | [mɛndʒadi mahal] |

deel (het)	pangsa	[paŋsa]
meerderheidsbelang (het)	saham majoriti	[saham madʒoriti]
investeringen (mv.)	pelaburan	[pɛlaburan]
investeren (ww)	melabur	[mɛlabur]

procent (het)	peratus	[pɛratus]
rente (de)	bunga	[buŋa]

winst (de)	untung	[untuŋ]
winstgevend (bn)	beruntung	[bɛruntuŋ]
belasting (de)	cukai	[ʧukaj]

valuta (vreemde ~)	mata wang	[mata vaŋ]
nationaal (bn)	nasional	[nasional]
ruil (de)	pertukaran	[pɛrtukaran]

boekhouder (de)	akauntan	[akauntan]
boekhouding (de)	pejabat perakaunan	[pɛdʒabat pɛrakaunan]

bankroet (het)	kebankrapan	[kɛbaŋkrapan]
ondergang (de)	kehancuran	[kɛhanʧuran]
faillissement (het)	kebankrapan	[kɛbaŋkrapan]
geruïneerd zijn (ww)	bankrap	[baŋkrap]
inflatie (de)	inflasi	[inflasi]
devaluatie (de)	devaluisi	[devaluisi]

kapitaal (het)	modal	[modal]
inkomen (het)	pendapatan	[pɛndapatan]
omzet (de)	peredaran	[pɛredaran]
middelen (mv.)	wang	[vaŋ]
financiële middelen (mv.)	sumber wang	[sumbɛr vaŋ]

operationele kosten (mv.)	kos tidak langsung	[kos tidak laŋsuŋ]
reduceren (kosten ~)	mengurangkan	[mɛŋuraŋkan]

76. Marketing

marketing (de)	pemasaran	[pɛmasaran]
markt (de)	pasaran	[pasaran]
marktsegment (het)	segmen pasaran	[segmɛn pasaran]
product (het)	hasil	[hasil]
goederen (mv.)	barangan	[baraŋan]

merk (het)	jenama	[dʒɛnama]
handelsmerk (het)	cap dagang	[ʧap dagaŋ]
beeldmerk (het)	logo	[logo]
logo (het)	logo	[logo]
vraag (de)	permintaan	[pɛrmintaan]
aanbod (het)	penawaran	[pɛnavaran]
behoefte (de)	keperluan	[kɛpɛrluan]
consument (de)	pengguna	[pɛŋguna]

analyse (de)	analisis	[analisis]
analyseren (ww)	menganalisis	[mɛŋanalisis]
positionering (de)	penentududukan	[pɛnɛntududukan]
positioneren (ww)	menentukan kedudukan	[mɛnɛntukan kɛdudukan]
prijs (de)	harga	[harga]
prijspolitiek (de)	dasar harga	[dasar harga]
prijsvorming (de)	pembentukan harga	[pɛmbentukan harga]

77. Reclame

reclame (de)	iklan	[iklan]
adverteren (ww)	mengiklankan	[mɛŋiklaŋkan]
budget (het)	bajet	[badʒet]
advertentie, reclame (de)	iklan	[iklan]
TV-reclame (de)	iklan TV	[iklan tivi]
radioreclame (de)	iklan di radio	[iklan di radio]
buitenreclame (de)	iklan luaran	[iklan luaran]
massamedia (de)	sebaran am	[sebaran am]
periodiek (de)	terbitan berkala	[tɛrbitan bɛrkala]
imago (het)	imej	[imedʒ]
slagzin (de)	slogan	[slogan]
motto (het)	motto	[motto]
campagne (de)	kempen	[kempen]
reclamecampagne (de)	kempen iklan	[kempen iklan]
doelpubliek (het)	kelompok sasaran	[kɛlompok sasaran]
visitekaartje (het)	kad nama	[kad nama]
flyer (de)	surat sebaran	[surat sebaran]
brochure (de)	brosur	[brosur]
folder (de)	brosur	[brosur]
nieuwsbrief (de)	buletin	[bulɛtin]
gevelreclame (de)	papan nama	[papan nama]
poster (de)	poster	[postɛr]
aanplakbord (het)	papan iklan	[papan iklan]

78. Bankieren

bank (de)	bank	[baŋk]
bankfiliaal (het)	cawangan	[tʃavaŋan]
bankbediende (de)	perunding	[pɛrundiŋ]
manager (de)	pengurus	[pɛŋurus]
bankrekening (de)	akaun	[akaun]
rekeningnummer (het)	nombor akaun	[nombor akaun]
lopende rekening (de)	akaun semasa	[akaun sɛmasa]
spaarrekening (de)	akaun simpanan	[akaun simpanan]
een rekening openen	membuka akaun	[mɛmbuka akaun]
de rekening sluiten	menutup akaun	[mɛnutup akaun]
op rekening storten	memasukkan wang ke dalam akaun	[mɛmasukkan vaŋ kɛ dalam akaun]
opnemen (ww)	mengeluarkan wang	[mɛŋɛluarkan vaŋ]
storting (de)	simpanan wang	[simpanan vaŋ]
een storting maken	memasukkan wang	[mɛmasukkan vaŋ]

overschrijving (de)	transfer	[transfer]
een overschrijving maken	mengirim duit	[mɛŋirim duit]
som (de)	jumlah	[dʒumlah]
Hoeveel?	Berapa?	[brapa]
handtekening (de)	tanda tangan	[tanda taŋan]
ondertekenen (ww)	menandatangani	[mɛnandataŋani]
kredietkaart (de)	kad kredit	[kad kredit]
code (de)	kod	[kod]
kredietkaartnummer (het)	nombor kad kredit	[nombor kad kredit]
geldautomaat (de)	ATM	[ɛj ti ɛm]
cheque (de)	cek	[tʃek]
een cheque uitschrijven	menulis cek	[mɛnulis tʃek]
chequeboekje (het)	buku cek	[buku tʃek]
lening, krediet (de)	pinjaman	[pindʒaman]
een lening aanvragen	meminta pinjaman	[mɛminta pindʒaman]
een lening nemen	mengambil pinjaman	[mɛŋambil pindʒaman]
een lening verlenen	memberi pinjaman	[mɛmbri pindʒaman]
garantie (de)	jaminan	[dʒaminan]

79. Telefoon. Telefoongesprek

telefoon (de)	telefon	[telefon]
mobieltje (het)	telefon bimbit	[telefon bimbit]
antwoordapparaat (het)	mesin menjawab panggilan telefon	[mesin mɛndʒavab paŋgilan telefon]
bellen (ww)	menelefon	[mɛnelefon]
belletje (telefoontje)	panggilan telefon	[paŋgilan telefon]
een nummer draaien	mendail nombor	[mɛndajl nombor]
Hallo!	Helo!	[helo]
vragen (ww)	menyoal	[mɛnjoal]
antwoorden (ww)	menjawab	[mɛndʒavab]
horen (ww)	mendengar	[mɛndɛŋar]
goed (bw)	baik	[baik]
slecht (bw)	buruk	[buruk]
storingen (mv.)	bising	[bisiŋ]
hoorn (de)	gagang	[gagaŋ]
opnemen (ww)	mengankat gagang telefon	[mɛŋaŋkat gagaŋ telefon]
ophangen (ww)	meletakkan gagang telefon	[mɛlɛtakkan gagaŋ telefon]
bezet (bn)	sibuk	[sibuk]
overgaan (ww)	berdering	[bɛrdɛriŋ]
telefoonboek (het)	buku panduan telefon	[buku panduan telefon]
lokaal (bn)	tempatan	[tɛmpatan]
lokaal gesprek (het)	panggilan tempatan	[paŋgilan tɛmpatan]

interlokaal (bn)	antarabandar	[antarabandar]
interlokaal gesprek (het)	panggilan antarabandar	[paŋgilan antarabandar]
buitenlands (bn)	antarabangsa	[antarabaŋsa]

80. Mobiele telefoon

mobieltje (het)	telefon bimbit	[telefon bimbit]
scherm (het)	peranti paparan	[pɛranti paparan]
toets, knop (de)	tombol	[tombol]
simkaart (de)	Kad SIM	[kad sim]
batterij (de)	bateri	[batɛri]
leeg zijn (ww)	nyahcas	[njahtʃas]
acculader (de)	pengecas	[pɛŋɛtʃas]
menu (het)	menu	[menu]
instellingen (mv.)	setting	[setiŋ]
melodie (beltoon)	melodi nada dering	[melodi nada dɛriŋ]
selecteren (ww)	memilih	[mɛmilih]
rekenmachine (de)	mesin hitung	[mesin hituŋ]
voicemail (de)	mesin menjawab panggilan telefon	[mesin mɛndʒavab paŋgilan telefon]
wekker (de)	jam loceng	[dʒam lotʃeŋ]
contacten (mv.)	buku panduan telefon	[buku panduan telefon]
SMS-bericht (het)	SMS, khidmat pesanan ringkas	[ɛs ɛm ɛs], [hidmat pɛsanan riŋkas]
abonnee (de)	pelanggan	[pɛlaŋgan]

81. Schrijfbehoeften

balpen (de)	pena mata bulat	[pɛna mata bulat]
vulpen (de)	pena tinta	[pɛna tinta]
potlood (het)	pensel	[pensel]
marker (de)	pen penyerlah	[pen pɛnjerlah]
viltstift (de)	marker	[marker]
notitieboekje (het)	buku catatan	[buku tʃatatan]
agenda (boekje)	buku harian	[buku harian]
liniaal (de/het)	kayu pembaris	[kaju pɛmbaris]
rekenmachine (de)	mesin hitung	[mesin hituŋ]
gom (de)	getah pemadam	[gɛtah pɛmadam]
punaise (de)	paku tekan	[paku tɛkan]
paperclip (de)	klip kertas	[klip kɛrtas]
lijm (de)	perekat	[pɛrɛkat]
nietmachine (de)	pengokot	[pɛŋokot]
perforator (de)	penebuk	[pɛnebuk]
potloodslijper (de)	pengasah pensel	[pɛŋasah pensel]

82. Soorten bedrijven

boekhouddiensten (mv.)	khidmat perakaunan	[ҳidmat pɛrakaunan]
reclame (de)	iklan	[iklan]
reclamebureau (het)	agensi periklanan	[agensi periklanan]
airconditioning (de)	penghawa dingin	[pɛŋyava diŋin]
luchtvaartmaatschappij (de)	syarikat penerbangan	[ɕarikat pɛnɛrbaŋan]

alcoholische dranken (mv.)	minuman keras	[minuman kras]
antiek (het)	antikuiti	[antikuiti]
kunstgalerie (de)	balai seni lukis	[balaj sɛni lukis]
audit diensten (mv.)	perkhidmatan audit	[pɛrҳidmatan audit]

banken (mv.)	perniagaan perbankan	[pɛrniagaan pɛrbaŋkan]
bar (de)	bar	[bar]
schoonheidssalon (de/het)	salon kecantikan	[salon kɛtʃantikan]
boekhandel (de)	kedai buku	[kɛdaj buku]
bierbrouwerij (de)	kilang bir	[kilaŋ bir]
zakencentrum (het)	pusat perniagaan	[pusat pɛrniagaan]
business school (de)	sekolah perniagaan	[sɛkolah pɛrniagaan]

casino (het)	kasino	[kasino]
bouwbedrijven (mv.)	pembinaan	[pɛmbinaan]
adviesbureau (het)	perundingan	[pɛrundiŋan]

tandheelkunde (de)	pergigian	[pɛrgigian]
design (het)	reka bentuk	[reka bɛntuk]
apotheek (de)	kedai ubat	[kɛdaj ubat]
stomerij (de)	kedai cucian kering	[kedaj tʃutʃian kɛriŋ]
uitzendbureau (het)	agensi pekerjaan	[agensi pɛkɛrʤaan]

financiële diensten (mv.)	khidmat kewangan	[ҳidmat kɛvaŋan]
voedingswaren (mv.)	bahan makanan	[bahan makanan]
uitvaartcentrum (het)	rumah urus mayat	[rumah urus majat]
meubilair (het)	perabot	[pɛrabot]
kleding (de)	pakaian	[pakajan]
hotel (het)	hotel	[hotel]

ijsje (het)	ais krim	[ajs krim]
industrie (de)	industri	[industri]
verzekering (de)	insurans	[insurans]
Internet (het)	Internet	[intɛrnet]
investeringen (mv.)	pelaburan	[pɛlaburan]

juwelier (de)	tukang emas	[tukaŋ ɛmas]
juwelen (mv.)	barang-barang kemas	[baraŋ baraŋ kɛmas]
wasserette (de)	dobi	[dobi]
juridische diensten (mv.)	khidmat guaman	[ҳidmat guaman]
lichte industrie (de)	industri ringan	[industri riŋan]

tijdschrift (het)	majalah	[maʤalah]
postorderbedrijven (mv.)	perniagaan gaya pos	[pɛrniagaan gaja pos]
medicijnen (mv.)	perubatan	[pɛrubatan]
bioscoop (de)	pawagam	[pavagam]
museum (het)	muzium	[muzium]

persbureau (het)	**syarikat berita**	[ɕarikat brita]
krant (de)	**akhbar**	[ahbar]
nachtclub (de)	**kelab malam**	[klab malam]
olie (aardolie)	**minyak**	[minjak]
koerierdienst (de)	**perkhidmatan kurier**	[pɛrχidmatan kurir]
farmacie (de)	**farmasi**	[farmasi]
drukkerij (de)	**percetakan**	[pɛrʧetakan]
uitgeverij (de)	**penerbit**	[pɛnɛrbit]
radio (de)	**radio**	[radio]
vastgoed (het)	**hartanah**	[hartanah]
restaurant (het)	**restoran**	[restoran]
bewakingsfirma (de)	**agensi pengawal keselamatan**	[agensi pɛŋaval kɛselamatan]
sport (de)	**sukan**	[sukan]
handelsbeurs (de)	**bursa**	[bursa]
winkel (de)	**kedai**	[kɛdaj]
supermarkt (de)	**pasaraya**	[pasaraja]
zwembad (het)	**kolam renang**	[kolam rɛnaŋ]
naaiatelier (het)	**kedai jahit**	[kedaj dʒahit]
televisie (de)	**televisyen**	[televiʃɛn]
theater (het)	**teater**	[teatɛr]
handel (de)	**perdagangan**	[pɛrdagaŋan]
transport (het)	**pengangkutan**	[pɛŋaŋkutan]
toerisme (het)	**pelancongan**	[pɛlanʧoŋan]
dierenarts (de)	**pakar veterinar**	[pakar vetɛrinar]
magazijn (het)	**stor**	[stor]
afvalinzameling (de)	**pengangkutan sampah**	[pɛŋaŋkutan sampah]

Baan. Business. Deel 2

83. Show. Tentoonstelling

beurs (de)	pameran	[pameran]
vakbeurs, handelsbeurs (de)	pameran dagangan	[pameran daganan]
deelneming (de)	penyertaan	[pɛnjertaan]
deelnemen (ww)	menyertai	[mɛnjertai]
deelnemer (de)	peserta	[pɛserta]
directeur (de)	pengarah	[pɛŋarah]
organisatiecomité (het)	pejabat pengelola	[pedʒabat pɛŋɛlola]
organisator (de)	pengurus	[pɛŋurus]
organiseren (ww)	mengurus	[mɛŋurus]
deelnemingsaanvraag (de)	borang penyertaan	[boraŋ pɛnjertaan]
invullen (een formulier ~)	mengisi	[mɛŋisi]
details (mv.)	perincian	[pɛrintʃian]
informatie (de)	maklumat	[maklumat]
prijs (de)	harga	[harga]
inclusief (bijv. ~ BTW)	termasuk	[tɛrmasuk]
inbegrepen (alles ~)	termasuk	[tɛrmasuk]
betalen (ww)	membayar	[mɛmbajar]
registratietarief (het)	yuran pendaftaran	[juran pɛndaftaran]
ingang (de)	masuk	[masuk]
paviljoen (het), hal (de)	gerai	[gɛraj]
registreren (ww)	mendaftar	[mɛndaftar]
badge, kaart (de)	lencana	[lɛntʃana]
beursstand (de)	gerai	[gɛraj]
reserveren (een stand ~)	menempah	[mɛnɛmpah]
vitrine (de)	almari kaca	[almari katʃa]
licht (het)	lampu	[lampu]
design (het)	reka bentuk	[reka bɛntuk]
plaatsen (ww)	menempatkan	[mɛnɛmpatkan]
geplaatst zijn (ww)	bertempat	[bɛrtɛmpat]
distributeur (de)	pengedar	[pɛŋedar]
leverancier (de)	pembekal	[pɛmbɛkal]
leveren (ww)	membekal	[mɛmbɛkal]
land (het)	negara	[nɛgara]
buitenlands (bn)	asing	[asiŋ]
product (het)	barangan	[baraŋan]
associatie (de)	asosiasi	[asosiasi]
conferentiezaal (de)	dewan persidangan	[devan pɛrsidaŋan]

congres (het)	**kongres**	[koŋres]
wedstrijd (de)	**sayembara**	[saɛmbara]
bezoeker (de)	**pelawat**	[pɛlavat]
bezoeken (ww)	**melawat**	[mɛlavat]
afnemer (de)	**pelanggan**	[pɛlaŋgan]

84. Wetenschap. Onderzoek. Wetenschappers

wetenschap (de)	**ilmu, sains**	[ilmu], [sajns]
wetenschappelijk (bn)	**saintifik**	[saintifik]
wetenschapper (de)	**ilmuwan**	[ilmuvan]
theorie (de)	**teori**	[teori]
axioma (het)	**aksiom**	[aksiom]
analyse (de)	**analisis**	[analisis]
analyseren (ww)	**menganalisis**	[mɛŋanalisis]
argument (het)	**hujah**	[hudʒah]
substantie (de)	**jirim**	[dʒirim]
hypothese (de)	**hipotesis**	[hipotesis]
dilemma (het)	**dilema**	[dilema]
dissertatie (de)	**tesis**	[tesis]
dogma (het)	**dogma**	[dogma]
doctrine (de)	**doktrin**	[doktrin]
onderzoek (het)	**penyelidikan**	[pɛnjelidikan]
onderzoeken (ww)	**mengkaji**	[mɛŋkadʒi]
toetsing (de)	**pengujian**	[pɛŋudʒian]
laboratorium (het)	**makmal**	[makmal]
methode (de)	**kaedah**	[kaedah]
molecule (de/het)	**molekul**	[molekul]
monitoring (de)	**pemonitoran**	[pɛmonitoran]
ontdekking (de)	**penemuan**	[pɛnɛmuan]
postulaat (het)	**postulat**	[postulat]
principe (het)	**prinsip**	[prinsip]
voorspelling (de)	**ramalan**	[ramalan]
een prognose maken	**meramalkan**	[mɛramalkan]
synthese (de)	**sintesis**	[sintesis]
tendentie (de)	**tendensi**	[tendɛnsi]
theorema (het)	**teorem**	[teorem]
leerstellingen (mv.)	**pelajaran**	[pɛladʒaran]
feit (het)	**fakta**	[fakta]
expeditie (de)	**ekspedisi**	[ekspedisi]
experiment (het)	**percubaan**	[pɛrtʃubaan]
academicus (de)	**ahli akademi**	[ahli akademi]
bachelor (bijv. BA, LLB)	**sarjana muda**	[sardʒana muda]
doctor (de)	**doktor**	[doktor]
universitair docent (de)	**Profesor Madya**	[profesor madja]

master, magister (de)	**Sarjana**	[sardʒana]
professor (de)	**profesor**	[profesor]

Beroepen en ambachten

85. Zoeken naar werk. Ontslag

baan (de)	kerja, pekerjaan	[kɛrdʒa], [pɛkɛrdʒaan]
werknemers (mv.)	kakitangan	[kakitaŋan]
carrière (de)	kerjaya	[kɛrdʒaja]
vooruitzichten (mv.)	perspektif	[pɛrspektif]
meesterschap (het)	kemahiran	[kɛmahiran]
keuze (de)	pilihan	[pilihan]
uitzendbureau (het)	agensi pekerjaan	[agensi pɛkɛrdʒaan]
CV, curriculum vitae (het)	biodata	[biodata]
sollicitatiegesprek (het)	temuduga	[tɛmuduga]
vacature (de)	lowongan	[lovoŋan]
salaris (het)	gaji, upah	[gadʒi], [upah]
vaste salaris (het)	gaji	[gadʒi]
loon (het)	pembayaran	[pɛmbajaran]
betrekking (de)	jawatan	[dʒavatan]
taak, plicht (de)	tugas	[tugas]
takenpakket (het)	bidang tugas	[bidaŋ tugas]
bezig (~ zijn)	sibuk	[sibuk]
ontslagen (ww)	memecat	[mɛmɛtʃat]
ontslag (het)	pemecatan	[pɛmɛtʃatan]
werkloosheid (de)	pengangguran	[pɛŋaŋuran]
werkloze (de)	penggangur	[pɛŋgaŋur]
pensioen (het)	pencen	[pentʃen]
met pensioen gaan	bersara	[bɛrsara]

86. Zakenmensen

directeur (de)	pengarah	[pɛŋarah]
beheerder (de)	pengurus	[pɛŋurus]
hoofd (het)	bos	[bos]
baas (de)	kepala	[kɛpala]
superieuren (mv.)	pihak atasan	[pihak atasan]
president (de)	presiden	[presiden]
voorzitter (de)	pengerusi	[pɛŋɛrusi]
adjunct (de)	timbalan	[timbalan]
assistent (de)	pembantu	[pɛmbantu]
secretaris (de)	setiausaha	[sɛtiausaha]

persoonlijke assistent (de)	setiausaha sulit	[sɛtiausaha sulit]
zakenman (de)	peniaga	[pɛniaga]
ondernemer (de)	pengusaha	[pɛŋusaha]
oprichter (de)	pengasas	[pɛŋasas]
oprichten (een nieuw bedrijf ~)	mengasaskan	[mɛŋasaskan]
stichter (de)	pengasas	[pɛŋasas]
partner (de)	rakan	[rakan]
aandeelhouder (de)	pemegang saham	[pɛmɛgaŋ saham]
miljonair (de)	jutawan	[dʒutavan]
miljardair (de)	multijutawan	[multidʒutavan]
eigenaar (de)	pemilik	[pɛmilik]
landeigenaar (de)	tuan tanah	[tuan tanah]
klant (de)	pelanggan	[pɛlaŋgan]
vaste klant (de)	pelanggan tetap	[pɛlaŋgan tetap]
koper (de)	pembeli	[pɛmbli]
bezoeker (de)	pelawat	[pɛlavat]
professioneel (de)	profesional	[profesional]
expert (de)	pakar	[pakar]
specialist (de)	pakar	[pakar]
bankier (de)	pengurus bank	[pɛŋurus baŋk]
makelaar (de)	broker	[brokɛr]
kassier (de)	juruwang, kasyier	[dʒuruvaŋ], [kaʃier]
boekhouder (de)	akauntan	[akauntan]
bewaker (de)	pengawal keselamatan	[pɛŋaval kɛsɛlamatan]
investeerder (de)	pelabur	[pɛlabur]
schuldenaar (de)	si berhutang	[si bɛrhutaŋ]
crediteur (de)	pemberi pinjaman	[pɛmbri pindʒaman]
lener (de)	peminjam	[pɛmindʒam]
importeur (de)	pengimport	[pɛŋimport]
exporteur (de)	pengeksport	[pɛŋeksport]
producent (de)	pembuat	[pɛmbuat]
distributeur (de)	pengedar	[pɛŋedar]
bemiddelaar (de)	perantara	[pɛrantara]
adviseur, consulent (de)	perunding	[pɛrundiŋ]
vertegenwoordiger (de)	wakil	[vakil]
agent (de)	ejen	[edʒen]
verzekeringsagent (de)	ejen insurans	[edʒen insurans]

87. Dienstverlenende beroepen

kok (de)	tukang masak	[tukaŋ masak]
chef-kok (de)	kepala tukang masak	[kɛpala tukaŋ masak]
bakker (de)	pembakar roti	[pɛmbakar roti]

barman (de)	pelayan bar	[pɛlajan bar]
kelner, ober (de)	pelayan lelaki	[pɛlajan lɛlaki]
serveerster (de)	pelayan perempuan	[pɛlajan pɛrɛmpuan]
advocaat (de)	peguam	[pɛguam]
jurist (de)	peguam	[pɛguam]
notaris (de)	notari awam	[notari avam]
elektricien (de)	juruelektrik	[dʒuruelektrik]
loodgieter (de)	tukang paip	[tukaŋ pajp]
timmerman (de)	tukang kayu	[tukaŋ kaju]
masseur (de)	tukang urut lelaki	[tukaŋ urut lɛlaki]
masseuse (de)	tukang urut perempuan	[tukaŋ urut pɛrɛmpuan]
dokter, arts (de)	doktor	[doktor]
taxichauffeur (de)	pemandu teksi	[pɛmandu teksi]
chauffeur (de)	pemandu	[pɛmandu]
koerier (de)	kurier	[kurir]
kamermeisje (het)	pengemas rumah	[pɛŋɛmas rumah]
bewaker (de)	pengawal keselamatan	[pɛŋaval kɛsɛlamatan]
stewardess (de)	pramugari	[pramugari]
meester (de)	guru	[guru]
bibliothecaris (de)	pustakawan	[pustakavan]
vertaler (de)	penterjemah	[pɛntɛrdʒɛmah]
tolk (de)	penterjemah	[pɛntɛrdʒɛmah]
gids (de)	pemandu	[pɛmandu]
kapper (de)	tukang gunting rambut	[tukaŋ guntiŋ rambut]
postbode (de)	posmen	[posmen]
verkoper (de)	jurujual	[dʒurudʒual]
tuinman (de)	tukang kebun	[tukaŋ kɛbun]
huisbediende (de)	pembantu rumah	[pɛmbantu rumah]
dienstmeisje (het)	amah	[amah]
schoonmaakster (de)	pembersih	[pɛmbɛrsih]

88. Militaire beroepen en rangen

soldaat (rang)	prebet	[prebet]
sergeant (de)	sarjan	[sardʒan]
luitenant (de)	leftenan	[leftɛnan]
kapitein (de)	kapten	[kaptɛn]
majoor (de)	mejar	[medʒar]
kolonel (de)	kolonel	[kolonɛl]
generaal (de)	jeneral	[dʒenɛral]
maarschalk (de)	marsyal	[marʃal]
admiraal (de)	laksamana	[laksamana]
militair (de)	anggota tentera	[aŋgota tɛntra]
soldaat (de)	perajurit	[pradʒurit]

officier (de)	pegawai	[pɛgavaj]
commandant (de)	pemerintah	[pɛmɛrintah]
grenswachter (de)	pengawal sempadan	[pɛŋaval sɛmpadan]
marconist (de)	pengendali radio	[pɛŋɛndali radio]
verkenner (de)	pengintip	[pɛŋintip]
sappeur (de)	askar jurutera	[askar dʒurutra]
schutter (de)	penembak	[pɛnembak]
stuurman (de)	pemandu	[pɛmandu]

89. Ambtenaren. Priesters

koning (de)	raja	[radʒa]
koningin (de)	ratu	[ratu]
prins (de)	putera	[putra]
prinses (de)	puteri	[putri]
tsaar (de)	tsar, raja	[tsar], [radʒa]
tsarina (de)	tsarina, ratu	[tsarina], [ratu]
president (de)	presiden	[presiden]
minister (de)	menteri	[mɛntri]
eerste minister (de)	perdana menteri	[perdana mɛntri]
senator (de)	senator	[senator]
diplomaat (de)	diplomat	[diplomat]
consul (de)	konsul	[konsul]
ambassadeur (de)	duta besar	[duta bɛsar]
adviseur (de)	penasihat	[pɛnasihat]
ambtenaar (de)	kakitangan	[kakitaŋan]
prefect (de)	ketua prefekture	[kɛtua prefekturɛ]
burgemeester (de)	datuk bandar	[datuk bandar]
rechter (de)	hakim	[hakim]
aanklager (de)	jaksa	[dʒaksa]
missionaris (de)	mubaligh	[mubaliɣ]
monnik (de)	biarawan	[biaravan]
abt (de)	kepala biara	[kɛpala biara]
rabbi, rabbijn (de)	rabbi	[rabbi]
vizier (de)	wazir	[vazir]
sjah (de)	syah	[ʃah]
sjeik (de)	syeikh	[ʃejh]

90. Agrarische beroepen

imker (de)	pemelihara lebah	[pɛmɛlihara lɛbah]
herder (de)	penggembala	[pɛŋgɛmbala]
landbouwkundige (de)	ahli agronomi	[ahli agronomi]

veehouder (de)	penternak	[pɛntɛrnak]
dierenarts (de)	pakar veterinar	[pakar vetɛrinar]
landbouwer (de)	peladang	[pɛladaŋ]
wijnmaker (de)	pembuat wain	[pɛmbuat vajn]
zoöloog (de)	ahli zoologi	[ahli zoologi]
cowboy (de)	koboi	[koboj]

91. Kunst beroepen

acteur (de)	pelakon	[pɛlakon]
actrice (de)	aktres	[aktres]
zanger (de)	penyanyi lelaki	[pɛnjanji lɛlaki]
zangeres (de)	penyanyi perempuan	[pɛnjanji pɛrɛmpuan]
danser (de)	penari lelaki	[pɛnari lɛlaki]
danseres (de)	penari perempuan	[pɛnari pɛrɛmpuan]
artiest (mann.)	artis	[artis]
artiest (vrouw.)	aktres	[aktres]
muzikant (de)	pemuzik	[pɛmuzik]
pianist (de)	pemain piano	[pɛmajn piano]
gitarist (de)	pemain gitar	[pɛmajn gitar]
orkestdirigent (de)	konduktor	[konduktor]
componist (de)	komposer	[kompɔsɛr]
impresario (de)	impresario	[impresario]
filmregisseur (de)	pengarah	[pɛŋarah]
filmproducent (de)	produser	[produsɛr]
scenarioschrijver (de)	penulis skrip	[pɛnulis skrip]
criticus (de)	pengkritik	[pɛŋkritik]
schrijver (de)	penulis	[pɛnulis]
dichter (de)	penyair	[pɛnjair]
beeldhouwer (de)	pematung	[pɛmatuŋ]
kunstenaar (de)	pelukis	[pɛlukis]
jongleur (de)	penjugel	[pɛndʒugɛl]
clown (de)	badut	[badut]
acrobaat (de)	akrobat	[akrobat]
goochelaar (de)	ahli silap mata	[ahli silap mata]

92. Verschillende beroepen

dokter, arts (de)	doktor	[doktor]
ziekenzuster (de)	jururawat	[dʒururavat]
psychiater (de)	doktor penyakit jiwa	[doktor pɛnjakit dʒiva]
tandarts (de)	doktor gigi	[doktor gigi]
chirurg (de)	doktor bedah	[doktor bɛdah]

astronaut (de)	angkasawan	[aŋkasavan]
astronoom (de)	ahli astronomi	[ahli astronomi]
piloot (de)	juruterbang	[dʒurutɛrbaŋ]
chauffeur (de)	pemandu	[pɛmandu]
machinist (de)	pemandu kereta api	[pɛmandu kreta api]
mecanicien (de)	mekanik	[mekanik]
mijnwerker (de)	buruh lombong	[buruh lomboŋ]
arbeider (de)	buruh, pekerja	[buruh], [pɛkɛrdʒa]
bankwerker (de)	tukang logam	[tukaŋ logam]
houtbewerker (de)	tukang tanggam	[tukaŋ taŋgam]
draaier (de)	tukang pelarik	[tukaŋ pɛlarik]
bouwvakker (de)	buruh binaan	[buruh binaan]
lasser (de)	jurukimpal	[dʒurukimpal]
professor (de)	profesor	[profesor]
architect (de)	jurubina	[dʒurubina]
historicus (de)	sejarawan	[sɛdʒaravan]
wetenschapper (de)	ilmuwan	[ilmuvan]
fysicus (de)	ahli fizik	[ahli fizik]
scheikundige (de)	ahli kimia	[ahli kimia]
archeoloog (de)	ahli arkeologi	[ahli arkeologi]
geoloog (de)	ahli geologi	[ahli geologi]
onderzoeker (de)	penyelidik	[pɛnjelidik]
babysitter (de)	pengasuh kanak-kanak	[pɛŋasuh kanak kanak]
leraar, pedagoog (de)	guru	[guru]
redacteur (de)	editor	[editor]
chef-redacteur (de)	ketua pengarang	[kɛtua pɛŋaraŋ]
correspondent (de)	pemberita	[pɛmbrita]
typiste (de)	jurutaip	[dʒurutajp]
designer (de)	pereka bentuk	[pereka bɛntuk]
computerexpert (de)	tukang komputer	[tukaŋ komputɛr]
programmeur (de)	juruprogram	[dʒuruprogram]
ingenieur (de)	jurutera	[dʒurutra]
matroos (de)	pelaut	[pɛlaut]
zeeman (de)	kelasi	[kɛlasi]
redder (de)	penyelamat	[pɛnjelamat]
brandweerman (de)	anggota bomba	[aŋgota bomba]
politieagent (de)	anggota polis	[aŋgota polis]
nachtwaker (de)	warden	[vardɛn]
detective (de)	mata-mata	[mata mata]
douanier (de)	anggota kastam	[aŋgota kastam]
lijfwacht (de)	pengawal peribadi	[pɛŋaval pribadi]
gevangenisbewaker (de)	warden penjara	[vardɛn pɛndʒara]
inspecteur (de)	inspektor	[inspektor]
sportman (de)	atlet, ahli sukan	[atlet], [ahli sukan]
trainer (de)	pelatih	[pɛlatih]

slager, beenhouwer (de)	**tukang daging**	[tukaŋ dagiŋ]
schoenlapper (de)	**tukang kasut**	[tukaŋ kasut]
handelaar (de)	**pedagang**	[pɛdagaŋ]
lader (de)	**pemuat**	[pɛmuat]
kledingstilist (de)	**pereka fesyen**	[pɛreka feʃɛn]
model (het)	**peragawati**	[pragavati]

93. Beroepen. Sociale status

scholier (de)	**budak sekolah**	[budak sɛkolah]
student (de)	**mahasiswa**	[mahasiswa]
filosoof (de)	**ahli falsafah**	[ahli falsafah]
econoom (de)	**ahli ekonomi**	[ahli ekonomi]
uitvinder (de)	**penemu**	[pɛnɛmu]
werkloze (de)	**pengganggur**	[pɛŋgaŋgur]
gepensioneerde (de)	**pesara**	[pɛsara]
spion (de)	**pengintip**	[pɛŋintip]
gedetineerde (de)	**tahanan**	[tahanan]
staker (de)	**pemogok**	[pɛmogok]
bureaucraat (de)	**birokrat**	[birokrat]
reiziger (de)	**pengembara**	[pɛŋembara]
homoseksueel (de)	**homoseksual**	[homoseksual]
hacker (computerkraker)	**penggodam**	[pɛŋgodam]
hippie (de)	**hipi**	[hipi]
bandiet (de)	**samseng**	[samsɛŋ]
huurmoordenaar (de)	**pembunuh upahan**	[pɛmbunuh upahan]
drugsverslaafde (de)	**penagih dadah**	[pɛnagih dadah]
drugshandelaar (de)	**pengedar dadah**	[pɛŋedar dadah]
prostituee (de)	**pelacur**	[pɛlatʃur]
pooier (de)	**bapa ayam**	[bapa ajam]
tovenaar (de)	**ahli sihir lelaki**	[ahli sihir lɛlaki]
tovenares (de)	**ahli sihir perempuan**	[ahli sihir pɛrɛmpuan]
piraat (de)	**lanun**	[lanun]
slaaf (de)	**hamba**	[hamba]
samoerai (de)	**samurai**	[samuraj]
wilde (de)	**orang yang tidak bertamadun**	[oraŋ jaŋ tidak bɛrtamadun]

Onderwijs

94. School

school (de)	sekolah	[sɛkolah]
schooldirecteur (de)	pengetua sekolah	[pɛŋetua sɛkolah]
leerling (de)	pelajar lelaki	[pɛladʒar lɛlaki]
leerlinge (de)	pelajar perempuan	[pɛladʒar pɛrɛmpuan]
scholier (de)	budak sekolah	[budak sɛkolah]
scholiere (de)	budak perempuan sekolah	[budak pɛrɛmpuan sɛkolah]
leren (lesgeven)	mengajar	[mɛŋadʒar]
studeren (bijv. een taal ~)	belajar	[bɛladʒar]
van buiten leren	menghafalkan	[mɛŋɣafalkan]
leren (bijv. ~ tellen)	belajar	[bɛladʒar]
in school zijn (schooljongen zijn)	bersekolah	[bɛrsɛkolah]
naar school gaan	pergi sekolah	[pɛrgi sɛkolah]
alfabet (het)	abjad	[abdʒad]
vak (schoolvak)	mata pelajaran	[mata pɛladʒaran]
klaslokaal (het)	bilik darjah	[bilik dardʒah]
les (de)	kelas	[klas]
pauze (de)	rehat	[rehat]
bel (de)	loceng	[lotʃeŋ]
schooltafel (de)	bangku sekolah	[baŋku sɛkolah]
schoolbord (het)	papan hitam	[papan hitam]
cijfer (het)	markah	[markah]
goed cijfer (het)	markah baik	[markah baik]
slecht cijfer (het)	markah tidak lulus	[markah tidak lulus]
een cijfer geven	memberi markah	[mɛmbri markah]
fout (de)	kesalahan	[kɛsalahan]
fouten maken	membuat kesalahan	[mɛmbuat kɛsalahan]
corrigeren (fouten ~)	memperbaiki	[mɛmpɛrbaiki]
spiekbriefje (het)	toyol	[tojol]
huiswerk (het)	tugasan rumah	[tugasan rumah]
oefening (de)	latihan	[latihan]
aanwezig zijn (ww)	hadir	[hadir]
absent zijn (ww)	tidak hadir	[tidak hadir]
school verzuimen	ponteng	[ponteŋ]
bestraffen (een stout kind ~)	menghukum	[mɛŋɣukum]
bestraffing (de)	hukuman	[hukuman]

gedrag (het)	tingkah laku	[tiŋkah laku]
cijferlijst (de)	buku laporan	[buku laporan]
potlood (het)	pensel	[pensel]
gom (de)	getah pemadam	[gɛtah pɛmadam]
krijt (het)	kapur	[kapur]
pennendoos (de)	kotak pensel	[kotak pensel]
boekentas (de)	beg sekolah	[beg sɛkolah]
pen (de)	pen	[pen]
schrift (de)	buku latihan	[buku latihan]
leerboek (het)	buku teks	[buku teks]
passer (de)	jangka lukis	[dʒaŋka lukis]
technisch tekenen (ww)	melukis	[mɛlukis]
technische tekening (de)	rajah	[radʒah]
gedicht (het)	puisi, sajak	[puisi], [sadʒak]
van buiten (bw)	hafal	[hafal]
van buiten leren	menghafalkan	[mɛnɣafalkan]
vakantie (de)	cuti	[tʃuti]
met vakantie zijn	bercuti	[bɛrtʃuti]
vakantie doorbrengen	menghabiskan cuti	[mɛnɣabiskan tʃuti]
toets (schriftelijke ~)	tes	[tes]
opstel (het)	karangan	[karaŋan]
dictee (het)	imla	[imla]
examen (het)	peperiksaan	[pɛpɛriksaan]
examen afleggen	menduduki peperiksaan	[mɛnduduki pɛpɛriksaan]
experiment (het)	uji cuba	[udʒi tʃuba]

95. Hogeschool. Universiteit

academie (de)	akademi	[akadɛmi]
universiteit (de)	universiti	[univɛrsiti]
faculteit (de)	fakulti	[fakulti]
student (de)	mahasiswa	[mahasisva]
studente (de)	mahasiswi	[mahasisvi]
leraar (de)	pensyarah	[pɛnɕarah]
collegezaal (de)	ruang darjah	[ruaŋ dardʒah]
afgestudeerde (de)	tamatan	[tamatan]
diploma (het)	ijazah	[idʒazah]
dissertatie (de)	tesis	[tesis]
onderzoek (het)	kajian	[kadʒian]
laboratorium (het)	makmal	[makmal]
college (het)	syarahan, kuliah	[ɕarahan], [kulijah]
medestudent (de)	teman sedarjah	[tɛman sɛdardʒah]
studiebeurs (de)	biasiswa	[biasisva]
academische graad (de)	ijazah	[idʒazah]

96. Wetenschappen. Disciplines

wiskunde (de)	matematik	[matεmatik]
algebra (de)	algebra	[algebra]
meetkunde (de)	geometri	[geometri]
astronomie (de)	astronomi	[astronomi]
biologie (de)	biologi	[biologi]
geografie (de)	geografi	[geografi]
geologie (de)	geologi	[geologi]
geschiedenis (de)	sejarah	[sεdʒarah]
geneeskunde (de)	perubatan	[pεrubatan]
pedagogiek (de)	pedagogi	[pedagogi]
rechten (mv.)	hukum	[hukum]
fysica, natuurkunde (de)	fizik	[fizik]
scheikunde (de)	kimia	[kimia]
filosofie (de)	falsafah	[falsafah]
psychologie (de)	psikologi	[psikologi]

97. Schrift. Spelling

grammatica (de)	nahu	[nahu]
vocabulaire (het)	kosa kata	[kosa kata]
fonetiek (de)	fonetik	[fonetik]
zelfstandig naamwoord (het)	kata nama	[kata nama]
bijvoeglijk naamwoord (het)	kata sifat	[kata sifat]
werkwoord (het)	kata kerja	[kata kεrdʒa]
bijwoord (het)	adverba	[advεrba]
voornaamwoord (het)	ganti nama	[ganti nama]
tussenwerpsel (het)	kata seru	[kata sεru]
voorzetsel (het)	kata depan	[kata dεpan]
stam (de)	kata akar	[kata akar]
achtervoegsel (het)	akhiran	[aχiran]
voorvoegsel (het)	awalan	[avalan]
lettergreep (de)	sukukata	[sukukata]
achtervoegsel (het)	akhiran	[aχiran]
nadruk (de)	tanda tekanan	[tanda tεkanan]
afkappingsteken (het)	koma atas	[koma atas]
punt (de)	titik	[titik]
komma (de/het)	koma	[koma]
puntkomma (de)	koma bertitik	[koma bεrtitik]
dubbelpunt (de)	tanda titik bertindih	[tanda titik bεrtindih]
beletselteken (het)	tanda elipsis	[tanda elipsis]
vraagteken (het)	tanda tanya	[tanda tanja]
uitroepteken (het)	tanda seru	[tanda sεru]

aanhalingstekens (mv.)	tanda petik	[tanda pɛtik]
tussen aanhalingstekens (bw)	dalam tanda petik	[dalam tanda pɛtik]
haakjes (mv.)	tanda kurung	[tanda kuruŋ]
tussen haakjes (bw)	dalam kurungan	[dalam kuruŋan]
streepje (het)	tanda pisah	[tanda pisah]
gedachtestreepje (het)	tanda sempang	[tanda sɛmpaŋ]
spatie (~ tussen twee woorden)	jarak	[dʒarak]
letter (de)	huruf	[huruf]
hoofdletter (de)	huruf besar	[huruf bɛsar]
klinker (de)	huruf hidup	[huruf hidup]
medeklinker (de)	konsonan	[konsonan]
zin (de)	ayat, kalimat	[ajat], [kalimat]
onderwerp (het)	subjek	[subdʒek]
gezegde (het)	predikat	[predikat]
regel (in een tekst)	baris	[baris]
op een nieuwe regel (bw)	di baris baru	[di baris baru]
alinea (de)	perenggan	[pɛrɛŋgan]
woord (het)	perkataan	[pɛrkataan]
woordgroep (de)	rangkaian kata	[raŋkajan kata]
uitdrukking (de)	ungkapan	[uŋkapan]
synoniem (het)	kata seerti	[kata sɛɛrti]
antoniem (het)	antonim	[antonim]
regel (de)	peraturan	[pɛraturan]
uitzondering (de)	pengecualian	[pɛŋɛtʃualian]
correct (bijv. ~e spelling)	betul	[bɛtul]
vervoeging, conjugatie (de)	konjugasi	[kondʒugasi]
verbuiging, declinatie (de)	deklinasi	[deklinasi]
naamval (de)	kasus	[kasus]
vraag (de)	soalan	[soalan]
onderstrepen (ww)	menegaskan	[mɛnɛgaskan]
stippellijn (de)	garis titik-titik	[garis titik titik]

98. Vreemde talen

taal (de)	bahasa	[bahasa]
vreemd (bn)	asing	[asiŋ]
vreemde taal (de)	bahasa asing	[bahasa asiŋ]
leren (bijv. van buiten ~)	mempelajari	[mɛmpɛladʒari]
studeren (Nederlands ~)	belajar	[bɛladʒar]
lezen (ww)	membaca	[mɛmbatʃa]
spreken (ww)	bercakap	[bɛrtʃakap]
begrijpen (ww)	memahami	[mɛmahami]
schrijven (ww)	menulis	[mɛnulis]
snel (bw)	fasih	[fasih]

langzaam (bw)	perlahan-lahan	[pɛrlahan lahan]
vloeiend (bw)	fasih	[fasih]
regels (mv.)	peraturan	[pɛraturan]
grammatica (de)	nahu	[nahu]
vocabulaire (het)	kosa kata	[kosa kata]
fonetiek (de)	fonetik	[fonetik]
leerboek (het)	buku teks	[buku teks]
woordenboek (het)	kamus	[kamus]
leerboek (het) voor zelfstudie	buku teks pembelajaran kendiri	[buku teks pɛmbɛladʒaran kɛndiri]
taalgids (de)	buku ungkapan	[buku uŋkapan]
cassette (de)	kaset	[kaset]
videocassette (de)	kaset video	[kaset video]
CD (de)	cakera padat	[tʃakra padat]
DVD (de)	cakera DVD	[tʃakra dividi]
alfabet (het)	abjad	[abdʒad]
spellen (ww)	mengeja	[mɛŋedʒa]
uitspraak (de)	sebutan	[sɛbutan]
accent (het)	aksen	[aksen]
met een accent (bw)	dengan pelat	[dɛŋan pelat]
zonder accent (bw)	tanpa pelat	[tanpa pelat]
woord (het)	perkataan	[pɛrkataan]
betekenis (de)	erti	[ɛrti]
cursus (de)	kursus	[kursus]
zich inschrijven (ww)	berdaftar	[bɛrdaftar]
leraar (de)	pensyarah	[pɛnɕarah]
vertaling (een ~ maken)	penterjemahan	[pɛntɛrdʒɛmahan]
vertaling (tekst)	terjemahan	[tɛrdʒɛmahan]
vertaler (de)	penterjemah	[pɛntɛrdʒɛmah]
tolk (de)	penterjemah	[pɛntɛrdʒɛmah]
polyglot (de)	penutur pelbagai bahasa	[pɛnutur pɛlbagaj bahasa]
geheugen (het)	ingatan	[iŋatan]

Rusten. Entertainment. Reizen

99. Trip. Reizen

toerisme (het)	pelancongan	[pɛlantʃoŋan]
toerist (de)	pelancong	[pɛlantʃoŋ]
reis (de)	pengembaraan	[pɛŋɛmbaraan]
avontuur (het)	petualangan	[pɛtualaŋan]
tocht (de)	lawatan	[lavatan]
vakantie (de)	cuti	[tʃuti]
met vakantie zijn	bercuti	[bɛrtʃuti]
rust (de)	rehat	[rehat]
trein (de)	kereta api	[kreta api]
met de trein	naik kereta api	[naik kreta api]
vliegtuig (het)	kapal terbang	[kapal tɛrbaŋ]
met het vliegtuig	naik kapal terbang	[naik kapal tɛrbaŋ]
met de auto	naik kereta	[naik kreta]
per schip (bw)	naik kapal	[naik kapal]
bagage (de)	bagasi	[bagasi]
valies (de)	beg pakaian	[beg pakajan]
bagagekarretje (het)	troli bagasi	[troli bagasi]
paspoort (het)	pasport	[pasport]
visum (het)	visa	[visa]
kaartje (het)	tiket	[tiket]
vliegticket (het)	tiket kapal terbang	[tiket kapal tɛrbaŋ]
reisgids (de)	buku panduan pelancongan	[buku panduan pɛlantʃoŋan]
kaart (de)	peta	[pɛta]
gebied (landelijk ~)	kawasan	[kavasan]
plaats (de)	tempat duduk	[tɛmpat duduk]
exotische bestemming (de)	keeksotikan	[kɛeksotikan]
exotisch (bn)	eksotik	[eksotik]
verwonderlijk (bn)	menakjubkan	[mɛnakdʒubkan]
groep (de)	kumpulan	[kumpulan]
rondleiding (de)	darmawisata	[darmavisata]
gids (de)	pemandu pelancong	[pɛmandu pɛlantʃoŋ]

100. Hotel

hotel (het)	hotel	[hotel]
motel (het)	motel	[motel]

3-sterren	tiga bintang	[tiga bintaŋ]
5-sterren	lima bintang	[lima bintaŋ]
overnachten (ww)	menumpang	[mɛnumpaŋ]
kamer (de)	bilik	[bilik]
eenpersoonskamer (de)	bilik untuk satu orang	[bilik untuk satu oraŋ]
tweepersoonskamer (de)	bilik kelamin	[bilik kɛlamin]
een kamer reserveren	menempah bilik	[mɛnempah bilik]
halfpension (het)	penginapan tanpa makanan	[pɛŋinapan tanpa makanan]
volpension (het)	penginapan dengan makanan	[pɛŋinapan dɛŋan makanan]
met badkamer	dengan tab mandi	[dɛŋan tab mandi]
met douche	dengan pancaran air	[dɛŋan pantʃaran air]
satelliet-tv (de)	televisyen satelit	[televiʃɛn satɛlit]
airconditioner (de)	penghawa dingin	[pɛŋɣava diŋin]
handdoek (de)	tuala	[tuala]
sleutel (de)	kunci	[kuntʃi]
administrateur (de)	pentadbir	[pɛntadbir]
kamermeisje (het)	pengemas rumah	[pɛŋemas rumah]
piccolo (de)	porter	[portɛr]
portier (de)	penjaga pintu	[pɛndʒaga pintu]
restaurant (het)	restoran	[restoran]
bar (de)	bar	[bar]
ontbijt (het)	makan pagi	[makan pagi]
avondeten (het)	makan malam	[makan malam]
buffet (het)	jamuan berselerak	[dʒamuan bɛrsɛlerak]
hal (de)	ruang legar	[ruaŋ legar]
lift (de)	lif	[lif]
NIET STOREN	JANGAN MENGGANGGU	[dʒaŋan mɛŋgaŋgu]
VERBODEN TE ROKEN!	DILARANG MEROKOK!	[dilaraŋ mɛrokok]

TECHNISCHE APPARATUUR. VERVOER

Technische apparatuur

101. Computer

computer (de)	komputer	[komputɛr]
laptop (de)	komputer riba	[kompuːtɛr riba]
aanzetten (ww)	menghidupkan	[mɛŋγidupkan]
uitzetten (ww)	mematikan	[mɛmatikan]
toetsenbord (het)	papan kekunci	[papan kɛkuntʃi]
toets (enter~)	kekunci	[kɛkuntʃi]
muis (de)	tetikus	[tɛtikus]
muismat (de)	alas tetikus	[alas tɛtikus]
knopje (het)	tombol	[tombol]
cursor (de)	kursor	[kursor]
monitor (de)	monitor	[monitor]
scherm (het)	layar perak	[lajar perak]
harde schijf (de)	cakera keras	[tʃakra kras]
volume (het)	kapasiti storan	[kapasiti storan
van de harde schijf	cakera keras	tʃakra kras]
geheugen (het)	ingatan, memori	[iŋatan], [memori]
RAM-geheugen (het)	ingatan capaian rawak	[iŋatan tʃapajan ravak]
bestand (het)	fail	[fajl]
folder (de)	folder	[foldɛr]
openen (ww)	membuka	[mɛmbuka]
sluiten (ww)	menutup	[mɛnutup]
opslaan (ww)	simpan	[simpan]
verwijderen (wissen)	hapus	[hapus]
kopiëren (ww)	menyalin	[mɛnjalin]
sorteren (ww)	mangasih	[maŋasih]
overplaatsen (ww)	menyalin	[mɛnjalin]
programma (het)	aplikasi	[aplikasi]
software (de)	perisian	[pɛrisian]
programmeur (de)	juruprogram	[dʒuruprogram]
programmeren (ww)	memprogram	[mɛmprogram]
hacker (computerkraker)	penggodam	[pɛŋgodam]
wachtwoord (het)	kata laluan	[kata laluan]
virus (het)	virus	[virus]
ontdekken (virus ~)	menemui	[mɛnɛmui]

| byte (de) | bait | [bajt] |
| megabyte (de) | megabait | [megabajt] |

| data (de) | data | [data] |
| databank (de) | pangkalan data | [paŋkalan data] |

kabel (USB-~, enz.)	kabel	[kabɛl]
afsluiten (ww)	mencabut palam	[mɛntʃabut palam]
aansluiten op (ww)	menyambung	[mɛnjambuŋ]

102. Internet. E-mail

internet (het)	Internet	[intɛrnet]
browser (de)	browser	[brausur]
zoekmachine (de)	enjin carian	[endʒin tʃarian]
internetprovider (de)	penyedia perkhidmatan	[pɛnjedia pɛrχidmatan]

webmaster (de)	webmaster	[vebmaster]
website (de)	laman sesawang	[laman sɛsavaŋ]
webpagina (de)	laman sesawang	[laman sɛsavaŋ]

| adres (het) | alamat | [alamat] |
| adresboek (het) | buku alamat | [buku alamat] |

postvak (het)	peti surat	[pɛti surat]
post (de)	mel	[mel]
vol (~ postvak)	penuh	[pɛnuh]

bericht (het)	pesanan	[pɛsanan]
binnenkomende berichten (mv.)	mesej masuk	[mesedʒ masuk]
uitgaande berichten (mv.)	mesej keluar	[mesedʒ kɛluar]

verzender (de)	pengirim	[pɛŋirim]
verzenden (ww)	mengirim	[mɛŋirim]
verzending (de)	pengiriman	[pɛŋiriman]

| ontvanger (de) | penerima | [pɛnɛrima] |
| ontvangen (ww) | menerima | [mɛnɛrima] |

| correspondentie (de) | surat-menyurat | [surat mɛnjurat] |
| corresponderen (met ...) | surat-menyurat | [surat mɛnjurat] |

bestand (het)	fail	[fajl]
downloaden (ww)	muat turun	[muat turun]
creëren (ww)	menciptakan	[mɛntʃiptakan]
verwijderen (een bestand ~)	hapus	[hapus]
verwijderd (bn)	dihapus	[dihapus]

verbinding (de)	perhubungan	[pɛrhubuŋan]
snelheid (de)	kecepatan	[kɛtʃɛpatan]
modem (de)	modem	[modem]
toegang (de)	akses	[akses]
poort (de)	port	[port]

| aansluiting (de) | sambungan | [sambuŋan] |
| zich aansluiten (ww) | menyambung | [mɛnjambuŋ] |

| selecteren (ww) | memilih | [mɛmilih] |
| zoeken (ww) | mencari | [mɛntʃari] |

103. Elektriciteit

elektriciteit (de)	tenaga elektrik	[tɛnaga elektrik]
elektrisch (bn)	elektrik	[elektrik]
elektriciteitscentrale (de)	loji jana kuasa	[lodʒi dʒana kuasa]
energie (de)	tenaga	[tɛnaga]
elektrisch vermogen (het)	tenaga elektrik	[tɛnaga elektrik]

lamp (de)	bal lampu	[bal lampu]
zaklamp (de)	lampu denyar	[lampu dɛnjar]
straatlantaarn (de)	lampu jalan	[lampu dʒalan]

licht (elektriciteit)	lampu	[lampu]
aandoen (ww)	menghidupkan	[mɛŋɣidupkan]
uitdoen (ww)	mematikan	[mɛmatikan]
het licht uitdoen	mematikan lampu	[mɛmatikan lampu]
doorbranden (gloeilamp)	hangus	[haŋus]
kortsluiting (de)	litar pintas	[litar pintas]
onderbreking (de)	putus	[putus]
contact (het)	kontak	[kontak]

schakelaar (de)	suis	[suis]
stopcontact (het)	soket	[soket]
stekker (de)	palam	[palam]
verlengsnoer (de)	perentas pemanjangan	[pɛrɛntas pɛmandʒaŋan]
zekering (de)	fius	[fius]
kabel (de)	kawat, wayar	[kavat], [vajar]
bedrading (de)	pemasangan wayar	[pɛmasaŋan vajar]

ampère (de)	ampere	[ampɛrɛ]
stroomsterkte (de)	kekuatan arus elektrik	[kɛkuatan arus elektrik]
volt (de)	volt	[volt]
spanning (de)	voltan	[voltan]

| elektrisch toestel (het) | alat elektrik | [alat ɛlektrik] |
| indicator (de) | penunjuk | [pɛnundʒuk] |

elektricien (de)	juruelektrik	[dʒuruelektrik]
solderen (ww)	memateri	[mɛmatɛri]
soldeerbout (de)	besi pematerian	[bɛsi pɛmatɛrian]
stroom (de)	karan	[karan]

104. Gereedschappen

| werktuig (stuk gereedschap) | alat | [alat] |
| gereedschap (het) | alat-alat | [alat alat] |

uitrusting (de)	perlengkapan	[pɛrlɛŋkapan]
hamer (de)	tukul	[tukul]
schroevendraaier (de)	pemutar skru	[pɛmutar skru]
bijl (de)	kapak	[kapak]
zaag (de)	gergaji	[gergadʒi]
zagen (ww)	menggergaji	[mɛŋgɛrgadʒi]
schaaf (de)	ketam	[kɛtam]
schaven (ww)	mengetam	[mɛŋɛtam]
soldeerbout (de)	besi pematerian	[bɛsi pɛmatɛrian]
solderen (ww)	memateri	[mɛmatɛri]
vijl (de)	kikir	[kikir]
nijptang (de)	kakatua	[kakatua]
combinatietang (de)	playar	[plajar]
beitel (de)	pahat kayu	[pahat kaju]
boorkop (de)	mata gerudi	[mata gɛrudi]
boormachine (de)	gerudi	[gɛrudi]
boren (ww)	menggerudi	[mɛŋgɛrudi]
mes (het)	pisau	[pisau]
lemmet (het)	mata	[mata]
scherp (bijv. ~ mes)	tajam	[tadʒam]
bot (bn)	tumpul	[tumpul]
bot raken (ww)	menjadi tumpul	[mɛndʒadi tumpul]
slijpen (een mes ~)	mengasah	[mɛŋasah]
bout (de)	bolt	[bolt]
moer (de)	nat	[nat]
schroefdraad (de)	benang	[bɛnaŋ]
houtschroef (de)	skru	[skru]
spijker (de)	paku	[paku]
kop (de)	payung	[pajuŋ]
liniaal (de/het)	kayu pembaris	[kaju pɛmbaris]
rolmeter (de)	pita ukur	[pita ukur]
waterpas (de/het)	timbang air	[timbaŋ air]
loep (de)	kanta pembesar	[kanta pɛmbɛsar]
meetinstrument (het)	alat pengukur	[alat pɛŋukur]
opmeten (ww)	mengukur	[mɛŋukur]
schaal (meetschaal)	skala	[skala]
gegevens (mv.)	bacaan	[batʃaan]
compressor (de)	pemampat	[pɛmampat]
microscoop (de)	mikroskop	[mikroskop]
pomp (de)	pam	[pam]
robot (de)	robot	[robot]
laser (de)	laser	[lasɛr]
moersleutel (de)	sepana	[sɛpana]
plakband (de)	pita pelekat	[pita pɛlɛkat]

lijm (de)	perekat	[pɛrɛkat]
schuurpapier (het)	kertas las	[kɛrtas las]
veer (de)	spring, pegas	[spriŋ], [pɛgas]
magneet (de)	magnet	[magnet]
handschoenen (mv.)	sarung tangan	[saruŋ taŋan]
touw (bijv. henneptouw)	tali	[tali]
snoer (het)	tali	[tali]
draad (de)	wayar	[vajar]
kabel (de)	kabel	[kabɛl]
moker (de)	tukul besi	[tukul bɛsi]
breekijzer (het)	pengumpil	[pɛŋumpil]
ladder (de)	tangga	[taŋga]
trapje (inklapbaar ~)	tangga tapak	[taŋga tapak]
aanschroeven (ww)	mengetatkan	[mɛŋɛtatkan]
losschroeven (ww)	memutar-buka	[mɛmutar buka]
dichtpersen (ww)	mengepit	[mɛŋɛpit]
vastlijmen (ww)	melekatkan	[mɛlɛkatkan]
snijden (ww)	memotong	[mɛmotoŋ]
defect (het)	kerosakan	[kɛrosakan]
reparatie (de)	pembaikan	[pɛmbaikan]
repareren (ww)	membaiki	[mɛmbaiki]
regelen (een machine ~)	melaraskan	[mɛlaraskan]
checken (ww)	memeriksa	[mɛmɛriksa]
controle (de)	pemeriksaan	[pɛmɛriksaan]
gegevens (mv.)	bacaan	[batʃaan]
degelijk (bijv. ~ machine)	boleh diharap	[bole diharap]
ingewikkeld (bn)	rumit	[rumit]
roesten (ww)	berkarat	[bɛrkarat]
roestig (bn)	berkarat	[bɛrkarat]
roest (de/het)	karat	[karat]

Vervoer

105. Vliegtuig

vliegtuig (het)	kapal terbang	[kapal tɛrbaŋ]
vliegticket (het)	tiket kapal terbang	[tiket kapal tɛrbaŋ]
luchtvaartmaatschappij (de)	syarikat penerbangan	[ɕarikat pɛnɛrbaŋan]
luchthaven (de)	lapangan terbang	[lapaŋan tɛrbaŋ]
supersonisch (bn)	supersonik	[supersonik]
gezagvoerder (de)	kapten kapal	[kaptɛn kapal]
bemanning (de)	anak buah	[anak buah]
piloot (de)	juruterbang	[dʒurutɛrbaŋ]
stewardess (de)	pramugari	[pramugari]
stuurman (de)	pemandu	[pɛmandu]
vleugels (mv.)	sayap	[sajap]
staart (de)	ekor	[ekor]
cabine (de)	kokpit	[kokpit]
motor (de)	enjin	[endʒin]
landingsgestel (het)	roda pendarat	[roda pɛndarat]
turbine (de)	turbin	[turbin]
propeller (de)	baling-baling	[baliŋ baliŋ]
zwarte doos (de)	kotak hitam	[kotak hitam]
stuur (het)	kemudi	[kɛmudi]
brandstof (de)	bahan bakar	[bahan bakar]
veiligheidskaart (de)	kad keselamatan	[kad kɛsɛlamatan]
zuurstofmasker (het)	topeng oksigen	[topeŋ oksigɛn]
uniform (het)	pakaian seragam	[pakajan sɛragam]
reddingsvest (de)	jaket keselamatan	[dʒaket kɛsɛlamatan]
parachute (de)	payung terjun	[pajuŋ tɛrdʒun]
opstijgen (het)	berlepas	[bɛrlɛpas]
opstijgen (ww)	berlepas	[bɛrlɛpas]
startbaan (de)	landasan berlepas	[landasan bɛrlɛpas]
zicht (het)	darjah penglihatan	[dardʒah pɛŋlihatan]
vlucht (de)	penerbangan	[pɛnɛrbaŋan]
hoogte (de)	ketinggian	[kɛtiŋgian]
luchtzak (de)	lubang udara	[lubaŋ udara]
plaats (de)	tempat duduk	[tɛmpat duduk]
koptelefoon (de)	pendengar telinga	[pɛndɛŋar tɛliŋa]
tafeltje (het)	meja lipat	[medʒa lipat]
venster (het)	tingkap kapal terbang	[tiŋkap kapal tɛrbaŋ]
gangpad (het)	laluan	[laluan]

106. Trein

trein (de)	kereta api	[kreta api]
elektrische trein (de)	tren elektrik	[tren elektrik]
sneltrein (de)	kereta api cepat	[kreta api tʃɛpat]
diesellocomotief (de)	lokomotif	[lokomotif]
stoomlocomotief (de)	kereta api	[kreta api]
rijtuig (het)	gerabak penumpang	[gɛrabak pɛnumpaŋ]
restauratierijtuig (het)	gerabak makan minum	[gɛrabak makan minum]
rails (mv.)	rel	[rel]
spoorweg (de)	jalan kereta api	[dʒalan kreta api]
dwarsligger (de)	kayu landas	[kaju landas]
perron (het)	platform	[platform]
spoor (het)	trek landasan	[trek landasan]
semafoor (de)	lampu isyarat	[lampu iɕarat]
halte (bijv. kleine treinhalte)	stesen	[stesen]
machinist (de)	pemandu kereta api	[pɛmandu kreta api]
kruier (de)	porter	[portɛr]
conducteur (de)	konduktor kereta api	[konduktor kreta api]
passagier (de)	penumpang	[pɛnumpaŋ]
controleur (de)	konduktor	[konduktor]
gang (in een trein)	koridor	[koridor]
noodrem (de)	brek kecemasan	[brek kɛtʃɛmasan]
coupé (de)	petak gerabak	[petak gɛrabak]
bed (slaapplaats)	bangku	[baŋku]
bovenste bed (het)	bangku atas	[baŋku atas]
onderste bed (het)	bangku bawah	[baŋku bavah]
beddengoed (het)	linen	[linen]
kaartje (het)	tiket	[tiket]
dienstregeling (de)	jadual waktu	[dʒadual vaktu]
informatiebord (het)	paparan jadual	[paparan dʒadual]
vertrekken	berlepas	[bɛrlɛpas]
(De trein vertrekt …)		
vertrek (ov. een trein)	perlepasan	[pɛrlɛpasan]
aankomen (ov. de treinen)	tiba	[tiba]
aankomst (de)	ketibaan	[kɛtibaan]
aankomen per trein	datang naik kereta api	[dataŋ naik kreta api]
in de trein stappen	naik kereta api	[naik kreta api]
uit de trein stappen	turun kereta api	[turun kreta api]
treinwrak (het)	kemalangan	[kɛmalaŋan]
ontspoord zijn	keluar rel	[kɛluar rel]
stoomlocomotief (de)	kereta api	[kreta api]
stoker (de)	tukang api	[tukaŋ api]
stookplaats (de)	tungku	[tuŋku]
steenkool (de)	arang	[araŋ]

107. Schip

schip (het)	kapal	[kapal]
vaartuig (het)	kapal	[kapal]
stoomboot (de)	kapal api	[kapal api]
motorschip (het)	kapal	[kapal]
lijnschip (het)	kapal laut	[kapal laut]
kruiser (de)	kapal penjelajah	[kapal pendʒeladʒah]
jacht (het)	kapal persiaran	[kapal pɛrsiaran]
sleepboot (de)	kapal tunda	[kapal tunda]
duwbak (de)	tongkang	[toŋkaŋ]
ferryboot (de)	feri	[feri]
zeilboot (de)	kapal layar	[kapal lajar]
brigantijn (de)	kapal brigantine	[kapal brigantinɛ]
ijsbreker (de)	kapal pemecah ais	[kapal pɛmɛtʃah ajs]
duikboot (de)	kapal selam	[kapal sɛlam]
boot (de)	perahu	[prahu]
sloep (de)	sekoci	[sɛkotʃi]
reddingssloep (de)	sekoci penyelamat	[sɛkotʃi pɛnjelamat]
motorboot (de)	motobot	[motobot]
kapitein (de)	kapten	[kaptɛn]
zeeman (de)	kelasi	[kɛlasi]
matroos (de)	pelaut	[pɛlaut]
bemanning (de)	anak buah	[anak buah]
bootsman (de)	nakhoda	[naχoda]
scheepsjongen (de)	kadet kapal	[kadet kapal]
kok (de)	tukang masak	[tukaŋ masak]
scheepsarts (de)	doktor kapal	[doktor kapal]
dek (het)	dek	[dek]
mast (de)	tiang	[tiaŋ]
zeil (het)	layar	[lajar]
ruim (het)	palka	[palka]
voorsteven (de)	haluan	[haluan]
achtersteven (de)	buritan	[buritan]
roeispaan (de)	kayuh	[kajuh]
schroef (de)	baling-baling	[baliŋ baliŋ]
kajuit (de)	kabin, bilik	[kabin], [bilik]
officierskamer (de)	bilik pegawai kapal	[bilik pɛgavaj kapal]
machinekamer (de)	bilik enjin	[bilik endʒin]
brug (de)	anjungan kapal	[andʒuŋan kapal]
radiokamer (de)	bilik siaran radio	[bilik siaran radio]
radiogolf (de)	gelombang	[gɛlombaŋ]
logboek (het)	buku log	[buku log]
verrekijker (de)	teropong kecil	[tɛropoŋ kɛtʃil]
klok (de)	loceng	[lotʃeŋ]

vlag (de)	bendera	[bɛndera]
kabel (de)	tali	[tali]
knoop (de)	simpul	[simpul]
leuning (de)	susur tangan	[susur taŋan]
trap (de)	tangga kapal	[taŋga kapal]
anker (het)	sauh	[sauh]
het anker lichten	mengangkat sauh	[mɛŋaŋkat sauh]
het anker neerlaten	berlabuh	[bɛrlabuh]
ankerketting (de)	rantai sauh	[rantaj sauh]
haven (bijv. containerhaven)	pelabuhan	[pɛlabuhan]
kaai (de)	jeti	[dʒeti]
aanleggen (ww)	merapat	[mɛrapat]
wegvaren (ww)	berlepas	[bɛrlɛpas]
reis (de)	pengembaraan	[pɛŋembaraan]
cruise (de)	pelayaran pesiaran	[pɛlajaran pɛsiaran]
koers (de)	haluan	[haluan]
route (de)	laluan	[laluan]
vaarwater (het)	aluran pelayaran	[aluran pɛlajaran]
zandbank (de)	beting	[bɛtiŋ]
stranden (ww)	karam	[karam]
storm (de)	badai	[badaj]
signaal (het)	peluit	[pɛluit]
zinken (ov. een boot)	tenggelam	[tɛŋgɛlam]
Man overboord!	Orang jatuh ke laut!	[oraŋ dʒatuh kɛ laut]
SOS (noodsignaal)	SOS	[sos]
reddingsboei (de)	pelambung keselamatan	[pɛlambuŋ kɛsɛlamatan]

108. Vliegveld

luchthaven (de)	lapangan terbang	[lapaŋan tɛrbaŋ]
vliegtuig (het)	kapal terbang	[kapal tɛrbaŋ]
luchtvaartmaatschappij (de)	syarikat penerbangan	[ɕarikat pɛnɛrbaŋan]
luchtverkeersleider (de)	pengawal lalu lintas udara	[pɛŋaval lalu lintas udara]
vertrek (het)	berlepas	[bɛrlɛpas]
aankomst (de)	ketibaan	[kɛtibaan]
aankomen (per vliegtuig)	tiba	[tiba]
vertrektijd (de)	waktu berlepas	[vaktu bɛrlɛpas]
aankomstuur (het)	waktu ketibaan	[vaktu kɛtibaan]
vertraagd zijn (ww)	terlewat	[tɛrlevat]
vluchtvertraging (de)	kelewatan penerbangan	[kelevatan pɛnɛrbaŋan]
informatiebord (het)	skrin paparan maklumat	[skrin paparan maklumat]
informatie (de)	maklumat	[maklumat]
aankondigen (ww)	mengumumkan	[mɛŋumumkan]
vlucht (bijv. KLM ~)	penerbangan	[pɛnɛrbaŋan]

douane (de)	kastam	[kastam]
douanier (de)	anggota kastam	[aŋgota kastam] |//

douaneaangifte (de)	ikrar kastam	[ikrar kastam]
invullen (douaneaangifte ~)	mengisi	[mɛŋisi]
een douaneaangifte invullen	mengisi ikrar kastam	[mɛŋisi ikrar kastam]
paspoortcontrole (de)	pemeriksaan pasport	[pɛmɛriksaan pasport]

bagage (de)	bagasi	[bagasi]
handbagage (de)	bagasi tangan	[bagasi taŋan]
bagagekarretje (het)	troli	[troli]

landing (de)	pendaratan	[pɛndaratan]
landingsbaan (de)	jalur mendarat	[dʒalur mɛndarat]
landen (ww)	mendarat	[mɛndarat]
vliegtuigtrap (de)	tangga kapal terbang	[taŋga kapal tɛrbaŋ]

inchecken (het)	pendaftaran	[pɛndaftaran]
incheckbalie (de)	kaunter daftar masuk	[kauntɛr daftar masuk]
inchecken (ww)	berdaftar	[bɛrdaftar]
instapkaart (de)	pas masuk	[pas masuk]
gate (de)	pintu berlepas	[pintu bɛrlɛpas]

transit (de)	transit	[transit]
wachten (ww)	menunggu	[mɛnuŋgu]
wachtzaal (de)	balai menunggu	[balaj mɛnuŋgu]
begeleiden (uitwuiven)	menghantarkan	[mɛŋɣantarkan]
afscheid nemen (ww)	minta diri	[minta diri]

Gebeurtenissen in het leven

109. Vakanties. Evenement

feest (het)	perayaan	[pɛrajaan]
nationale feestdag (de)	hari kebangsaan	[hari kɛbaŋsaan]
feestdag (de)	cuti umum	[tʃuti umum]
herdenken (ww)	merayakan	[mɛrajakan]
gebeurtenis (de)	peristiwa	[pɛristiva]
evenement (het)	acara	[atʃara]
banket (het)	bankuet	[baŋkuet]
receptie (de)	jamuan makan	[dʒamuan makan]
feestmaal (het)	kenduri	[kɛnduri]
verjaardag (de)	ulang tahun	[ulaŋ tahun]
jubileum (het)	jubli	[dʒubli]
vieren (ww)	menyambut	[mɛnjambut]
Nieuwjaar (het)	Tahun Baru	[tahun baru]
Gelukkig Nieuwjaar!	Selamat Tahun Baru!	[sɛlamat tahun baru]
Sinterklaas (de)	Santa Klaus	[santa klaus]
Kerstfeest (het)	Krismas	[krismas]
Vrolijk kerstfeest!	Selamat Hari Krismas!	[sɛlamat hari krismas]
kerstboom (de)	pokok Krismas	[pokok krismas]
vuurwerk (het)	pertunjukan bunga api	[pɛrtundʒukan buŋa api]
bruiloft (de)	majlis perkahwinan	[madʒlis pɛrkahvinan]
bruidegom (de)	pengantin lelaki	[pɛŋantin lɛlaki]
bruid (de)	pengantin perempuan	[pɛŋantin pɛrɛmpuan]
uitnodigen (ww)	menjemput	[mɛndʒɛmput]
uitnodigingskaart (de)	kad jemputan	[kad dʒɛmputan]
gast (de)	tamu	[tamu]
op bezoek gaan	berkunjung	[bɛrkundʒuŋ]
gasten verwelkomen	menyambut tamu	[mɛnjambut tamu]
geschenk, cadeau (het)	hadiah	[hadiah]
geven (iets cadeau ~)	menghadiahkan	[mɛŋɣadiahkan]
geschenken ontvangen	menerima hadiah	[mɛnɛrima hadiah]
boeket (het)	jambak bunga	[dʒambak buŋa]
felicitaties (mv.)	ucapan selamat	[utʃapan sɛlamat]
feliciteren (ww)	mengucapkan selamat	[mɛŋutʃapkan sɛlamat]
wenskaart (de)	kad ucapan selamat	[kad utʃapan sɛlamat]
een kaartje versturen	mengirim poskad	[mɛŋirim poskad]
een kaartje ontvangen	menerima poskad	[mɛnɛrima poskad]

toast (de)	roti bakar	[roti bakar]
aanbieden (een drankje ~)	menjamu	[mɛnʤamu]
champagne (de)	champagne	[ʃampejn]
plezier hebben (ww)	bersuka ria	[bɛrsuka ria]
plezier (het)	keriangan	[kɛriaŋan]
vreugde (de)	kegembiraan	[kɛgɛmbiraan]
dans (de)	tarian	[tarian]
dansen (ww)	menari	[mɛnari]
wals (de)	waltz	[volts]
tango (de)	tango	[taŋo]

110. Begrafenissen. Begrafenis

kerkhof (het)	tanah perkuburan	[tanah pɛrkuburan]
graf (het)	makam	[makam]
kruis (het)	salib	[salib]
grafsteen (de)	batu nisan	[batu nisan]
omheining (de)	pagar	[pagar]
kapel (de)	capel	[ʧapel]
dood (de)	kematian	[kɛmatian]
sterven (ww)	mati, meninggal	[mati], [mɛniŋgal]
overledene (de)	arwah	[arvah]
rouw (de)	perkabungan	[pɛrkabuŋan]
begraven (ww)	mengebumikan	[mɛŋɛbumikan]
begrafenisonderneming (de)	rumah urus mayat	[rumah urus majat]
begrafenis (de)	pemakaman	[pɛmakaman]
krans (de)	lingkaran bunga	[liŋkaran buŋa]
doodskist (de)	keranda	[kranda]
lijkwagen (de)	kereta jenazah	[kreta ʤɛnazah]
lijkkleed (de)	kafan	[kafan]
begrafenisstoet (de)	perarakan jenazah	[pɛrarakan ʤɛnazah]
urn (de)	bekas simpan abu mayat	[bɛkas simpan abu majat]
crematorium (het)	krematorium	[krematorium]
overlijdensbericht (het)	berita takziah	[brita takziah]
huilen (wenen)	menangis	[mɛnaŋis]
snikken (huilen)	meratap	[mɛratap]

111. Oorlog. Soldaten

peloton (het)	platun	[platun]
compagnie (de)	kompeni	[kompɛni]
regiment (het)	rejimen	[reʤimen]
leger (armee)	tentera	[tɛntra]
divisie (de)	divisyen	[diviʃɛn]

sectie (de)	**pasukan**	[pasukan]
troep (de)	**tentera**	[tɛntra]
soldaat (militair)	**perajurit**	[pradʒurit]
officier (de)	**pegawai**	[pɛgavaj]
soldaat (rang)	**prebet**	[prebet]
sergeant (de)	**sarjan**	[sardʒan]
luitenant (de)	**leftenan**	[leftɛnan]
kapitein (de)	**kapten**	[kaptɛn]
majoor (de)	**mejar**	[medʒar]
kolonel (de)	**kolonel**	[kolonɛl]
generaal (de)	**jeneral**	[dʒɛnɛral]
matroos (de)	**pelaut**	[pɛlaut]
kapitein (de)	**kapten**	[kaptɛn]
bootsman (de)	**nakhoda**	[naχoda]
artillerist (de)	**anggota artileri**	[aŋgota artilɛri]
valschermjager (de)	**askar payung terjun**	[askar pajuŋ tɛrdʒun]
piloot (de)	**juruterbang**	[dʒurutɛrbaŋ]
stuurman (de)	**pemandu**	[pɛmandu]
mecanicien (de)	**mekanik**	[mekanik]
sappeur (de)	**askar jurutera**	[askar dʒurutra]
parachutist (de)	**ahli payung terjun**	[ahli pajuŋ tɛrdʒun]
verkenner (de)	**pengintip**	[pɛɲintip]
scherpschutter (de)	**penembak curi**	[pɛnɛmbak tʃuri]
patrouille (de)	**peronda**	[pɛronda]
patrouilleren (ww)	**meronda**	[mɛronda]
wacht (de)	**pengawal**	[pɛŋaval]
krijger (de)	**askar**	[askar]
patriot (de)	**patriot**	[patriot]
held (de)	**wira**	[vira]
heldin (de)	**srikandi**	[srikandi]
verrader (de)	**pengkhianat**	[pɛŋχianat]
verraden (ww)	**mengkhianati**	[mɛŋχianati]
deserteur (de)	**pembelot**	[pɛmbelot]
deserteren (ww)	**membelot**	[mɛmbelot]
huurling (de)	**askar upahan**	[askar upahan]
rekruut (de)	**rekrut**	[rekrut]
vrijwilliger (de)	**relawan**	[relavan]
gedode (de)	**terbunuh**	[tɛrbunuh]
gewonde (de)	**orang cedera**	[oraŋ tʃɛdɛra]
krijgsgevangene (de)	**tawanan**	[tavanan]

112. Oorlog. Militaire acties. Deel 1

oorlog (de)	**perang**	[praŋ]
oorlog voeren (ww)	**berperang**	[bɛrpraŋ]

burgeroorlog (de)	perang saudara	[praŋ saudara]
achterbaks (bw)	secara khianat	[sɛtʃara χianat]
oorlogsverklaring (de)	pengisytiharan perang	[pəŋiʃtiharan praŋ]
verklaren (de oorlog ~)	mengisytiharkan perang	[mɛŋiʃtiharkan praŋ]
agressie (de)	pencerobohan	[pɛntʃɛrobohan]
aanvallen (binnenvallen)	menyerang	[mɛnjeraŋ]
binnenvallen (ww)	menduduki	[mɛnduduki]
invaller (de)	penduduk	[pɛnduduk]
veroveraar (de)	penakluk	[pɛnakluk]
verdediging (de)	pertahanan	[pɛrtahanan]
verdedigen (je land ~)	mempertahankan	[mɛmpɛrtahaŋkan]
zich verdedigen (ww)	bertahan	[bɛrtahan]
vijand (de)	musuh	[musuh]
tegenstander (de)	lawan	[lavan]
vijandelijk (bn)	musuh	[musuh]
strategie (de)	strategi	[strategi]
tactiek (de)	taktik	[taktik]
order (de)	perintah	[printah]
bevel (het)	perintah	[printah]
bevelen (ww)	memerintah	[mɛmɛrintah]
opdracht (de)	tugas	[tugas]
geheim (bn)	rahsia	[rahsia]
strijd, slag (de)	pertempuran	[pɛrtɛmpuran]
aanval (de)	serangan	[sɛraŋan]
bestorming (de)	serbuan	[sɛrbuan]
bestormen (ww)	menyerbu	[mɛnjerbu]
bezetting (de)	kepungan	[kɛpuŋan]
aanval (de)	serangan	[sɛraŋan]
in het offensief te gaan	menyerang	[mɛnjeraŋ]
terugtrekking (de)	pengunduran	[pəŋunduran]
zich terugtrekken (ww)	berundur	[bɛrundur]
omsingeling (de)	pengepungan	[pɛŋɛpuŋan]
omsingelen (ww)	mengepung	[mɛŋɛpuŋ]
bombardement (het)	pengeboman	[pɛŋɛboman]
een bom gooien	menggugurkan bom	[mɛŋgugurkan bom]
bombarderen (ww)	mengebom	[mɛŋebom]
ontploffing (de)	letupan	[lɛtupan]
schot (het)	tembakan	[tembakan]
een schot lossen	menembak	[mɛnembak]
schieten (het)	penembakan	[pɛnembakan]
mikken op (ww)	mengacu	[mɛŋatʃu]
aanleggen (een wapen ~)	menghalakan	[mɛŋχalakan]
treffen (doelwit ~)	kena	[kɛna]
zinken (tot zinken brengen)	menenggelamkan	[mɛnɛŋgɛlamkan]

| kogelgat (het) | lubang | [lubaŋ] |
| zinken (gezonken zijn) | karam | [karam] |

front (het)	medan pertempuran	[medan pɛrtɛmpuran]
evacuatie (de)	pengungsian	[pɛŋuŋsian]
evacueren (ww)	mengungsikan	[mɛŋuŋsikan]

loopgraaf (de)	parit pertahanan	[parit pɛrtahanan]
prikkeldraad (de)	dawai berduri	[davaj bɛrduri]
verdedigingsobstakel (het)	rintangan	[rintaŋan]
wachttoren (de)	menara	[mɛnara]

hospitaal (het)	hospital	[hospital]
verwonden (ww)	mencederakan	[mɛntʃɛdɛrakan]
wond (de)	cedera	[tʃɛdɛra]
gewonde (de)	orang cedera	[oraŋ tʃɛdɛra]
gewond raken (ww)	kena cedera	[kɛna tʃɛdɛra]
ernstig (~e wond)	parah	[parah]

113. Oorlog. Militaire acties. Deel 2

krijgsgevangenschap (de)	tawanan	[tavanan]
krijgsgevangen nemen	menawan	[mɛnavan]
krijgsgevangene zijn	ditahan	[ditahan]
krijgsgevangen genomen worden	tertawan	[tɛrtavan]

concentratiekamp (het)	kem tahanan	[kem tahanan]
krijgsgevangene (de)	tawanan	[tavanan]
vluchten (ww)	melarikan diri	[mɛlarikan diri]

verraden (ww)	menghianati	[mɛŋɣianati]
verrader (de)	penghianat	[pɛŋɣianat]
verraad (het)	penghianatan	[pɛŋɣianatan]

| fusilleren (executeren) | menghukum tembak | [mɛŋɣukum tembak] |
| executie (de) | hukuman tembak | [hukuman tembak] |

uitrusting (de)	pakaian seragam	[pakajan sɛragam]
schouderstuk (het)	epolet	[epolet]
gasmasker (het)	topeng gas	[topeŋ gas]

portofoon (de)	pemancar radio	[pɛmantʃar radio]
geheime code (de)	kod	[kod]
samenzwering (de)	kerahsian	[kɛrahsian]
wachtwoord (het)	kata laluan	[kata laluan]

mijn (landmijn)	periuk api	[pɛriuk api]
ondermijnen (legden mijnen)	memasang periuk api	[mɛmasaŋ pɛriuk api]
mijnenveld (het)	kawasan periuk api	[kavasan pɛriuk api]

luchtalarm (het)	semboyan serangan udara	[sɛmbojan sɛraŋan udara]
alarm (het)	amaran bahaya	[amaran bahaja]
signaal (het)	isyarat	[iɕarat]

vuurpijl (de)	peluru isyarat	[pɛluru iɕarat]
staf (generale ~)	markas	[markas]
verkenning (de)	pengintipan	[pɛŋintipan]
toestand (de)	keadaan	[kɛadaan]
rapport (het)	laporan	[laporan]
hinderlaag (de)	serang hendap	[sɛraŋ hɛndap]
versterking (de)	bala bantuan	[bala bantuan]
doel (bewegend ~)	sasaran	[sasaran]
proefterrein (het)	padang tembak	[padaŋ tembak]
manoeuvres (mv.)	latihan ketenteraan	[latihan kɛtɛntraan]
paniek (de)	panik	[panik]
verwoesting (de)	keruntuhan	[kɛruntuhan]
verwoestingen (mv.)	kemusnahan	[kɛmusnahan]
verwoesten (ww)	memusnahkan	[mɛmusnahkan]
overleven (ww)	selamat	[sɛlamat]
ontwapenen (ww)	melucutkan senjata	[mɛlutʃutkan sɛndʒata]
behandelen (een pistool ~)	mengendalikan	[mɛŋɛndalikan]
Geeft acht!	Sedia!	[sɛdija]
Op de plaats rust!	Senang diri!	[sɛnaŋ diri]
heldendaad (de)	perbuatan gagah berani	[pɛrbuatan gagah brani]
eed (de)	sumpah	[sumpah]
zweren (een eed doen)	bersumpah	[bɛrsumpah]
decoratie (de)	anugerah	[anugrah]
onderscheiden (een ereteken geven)	menganugerahi	[mɛŋanugrahi]
medaille (de)	pingat	[piŋat]
orde (de)	darjah kebesaran	[dardʒah kɛbesaran]
overwinning (de)	kemenangan	[kɛmɛnaŋan]
verlies (het)	kekalahan	[kɛkalahan]
wapenstilstand (de)	gencatan senjata	[gɛntʃatan sɛndʒata]
wimpel (vaandel)	bendera	[bɛndera]
roem (de)	kemegahan	[kɛmɛgahan]
parade (de)	perarakan	[pɛrarakan]
marcheren (ww)	berarak	[bɛrarak]

114. Wapens

wapens (mv.)	senjata	[sɛndʒata]
vuurwapens (mv.)	senjata api	[sɛndʒata api]
koude wapens (mv.)	sejata tajam	[sɛdʒata tadʒam]
chemische wapens (mv.)	senjata kimia	[sɛndʒata kimia]
kern-, nucleair (bn)	nuklear	[nuklear]
kernwapens (mv.)	senjata nuklear	[sɛndʒata nuklear]
bom (de)	bom	[bom]
atoombom (de)	bom atom	[bom atom]

pistool (het)	**pistol**	[pistol]
geweer (het)	**senapang**	[sɛnapaŋ]
machinepistool (het)	**submesin gan**	[submesin gan]
machinegeweer (het)	**mesin gan**	[mesin gan]
loop (schietbuis)	**muncung**	[muntʃuŋ]
loop (bijv. geweer met kortere ~)	**laras**	[laras]
kaliber (het)	**kaliber**	[kalibɛr]
trekker (de)	**picu**	[pitʃu]
korrel (de)	**pembidik**	[pɛmbidik]
magazijn (het)	**kelopak peluru**	[kɛlopak pɛluru]
geweerkolf (de)	**pangkal senapang**	[paŋkal sɛnapaŋ]
granaat (handgranaat)	**bom tangan**	[bom taŋan]
explosieven (mv.)	**bahan peletup**	[bahan pɛlɛtup]
kogel (de)	**peluru**	[pɛluru]
patroon (de)	**kartrij**	[kartridʒ]
lading (de)	**isi**	[isi]
ammunitie (de)	**amunisi**	[amunisi]
bommenwerper (de)	**pengebom**	[pɛŋebom]
straaljager (de)	**jet pejuang**	[dʒet pɛdʒuaŋ]
helikopter (de)	**helikopter**	[helikoptɛr]
afweergeschut (het)	**meriam penangkis udara**	[mɛrjam pɛnaŋkis udara]
tank (de)	**kereta kebal**	[kreta kɛbal]
kanon (tank met een ~ van 76 mm)	**meriam kereta kebal**	[mɛrjam kreta kɛbal]
artillerie (de)	**artileri**	[artilɛri]
kanon (het)	**meriam**	[mɛrjam]
aanleggen (een wapen ~)	**menghalakan**	[mɛŋɣalakan]
projectiel (het)	**peluru**	[pɛluru]
mortiergranaat (de)	**peluru mortar**	[pɛluru mortar]
mortier (de)	**mortar**	[mortar]
granaatscherf (de)	**serpihan**	[sɛrpihan]
duikboot (de)	**kapal selam**	[kapal sɛlam]
torpedo (de)	**torpedo**	[torpedo]
raket (de)	**misail**	[misajl]
laden (geweer, kanon)	**mengisi**	[mɛŋisi]
schieten (ww)	**menembak**	[mɛnembak]
richten op (mikken)	**mengacu**	[mɛŋatʃu]
bajonet (de)	**mata sangkur**	[mata saŋkur]
degen (de)	**pedang rapier**	[pɛdaŋ rapir]
sabel (de)	**pedang saber**	[pɛdaŋ saber]
speer (de)	**tombak**	[tombak]
boog (de)	**panah**	[panah]
pijl (de)	**anak panah**	[anak panah]
musket (de)	**senapang lantak**	[sɛnapaŋ lantak]
kruisboog (de)	**busur silang**	[busur silaŋ]

115. Oude mensen

primitief (bn)	primitif	[primitif]
voorhistorisch (bn)	prasejarah	[prasɛdʒarah]
eeuwenoude (~ beschaving)	kuno	[kuno]
Steentijd (de)	Zaman Batu	[zaman batu]
Bronstijd (de)	Zaman Gangsa	[zaman gaŋsa]
IJstijd (de)	Zaman Ais	[zaman ajs]
stam (de)	puak	[puak]
menseneter (de)	kanibal	[kanibal]
jager (de)	pemburu	[pɛmburu]
jagen (ww)	memburu	[mɛmburu]
mammoet (de)	mamot	[mamot]
grot (de)	gua	[gua]
vuur (het)	api	[api]
kampvuur (het)	unggun api	[uŋgun api]
rotstekening (de)	lukisan gua	[lukisan gua]
werkinstrument (het)	alat kerja	[alat kɛrdʒa]
speer (de)	tombak	[tombak]
stenen bijl (de)	kapak batu	[kapak batu]
oorlog voeren (ww)	berperang	[bɛrpraŋ]
temmen (bijv. wolf ~)	menjinak	[mɛndʒinak]
idool (het)	berhala	[bɛrhala]
aanbidden (ww)	memuja	[mɛmudʒa]
bijgeloof (het)	kepercayaan karut	[kɛpɛrtʃajaan karut]
ritueel (het)	upacara	[upatʃara]
evolutie (de)	evolusi	[evolusi]
ontwikkeling (de)	perkembangan	[pɛrkɛmbaŋan]
verdwijning (de)	kehilangan	[kɛhilaŋan]
zich aanpassen (ww)	menyesuaikan diri	[mɛnjesuaɪkan diri]
archeologie (de)	arkeologi	[arkeologi]
archeoloog (de)	ahli arkeologi	[ahli arkeologi]
archeologisch (bn)	arkeologi	[arkeologi]
opgravingsplaats (de)	tapak ekskavasi	[tapak ekskavasi]
opgravingen (mv.)	ekskavasi	[ekskavasi]
vondst (de)	penemuan	[pɛnɛmuan]
fragment (het)	petikan	[pɛtikan]

116. Middeleeuwen

volk (het)	rakyat	[rakjat]
volkeren (mv.)	bangsa-bangsa	[baŋsa baŋsa]
stam (de)	puak	[puak]
stammen (mv.)	puak-puak	[puak puak]
barbaren (mv.)	orang gasar	[oraŋ gasar]

Galliërs (mv.)	orang Gaul	[oraŋ gaul]
Goten (mv.)	orang Goth	[oraŋ got]
Slaven (mv.)	orang Slavonik	[oraŋ slavonik]
Vikings (mv.)	Viking	[vajkiŋ]
Romeinen (mv.)	orang Rom	[oraŋ rom]
Romeins (bn)	Rom	[rom]
Byzantijnen (mv.)	orang Byzantium	[oraŋ bizantium]
Byzantium (het)	Byzantium	[bizantium]
Byzantijns (bn)	Byzantium	[bizantium]
keizer (bijv. Romeinse ~)	maharaja	[maharadʒa]
opperhoofd (het)	pemimpin	[pɛmimpin]
machtig (bn)	adi kuasa	[adi kuasa]
koning (de)	raja	[radʒa]
heerser (de)	penguasa	[pɛŋwasa]
ridder (de)	kesatria	[ksatria]
feodaal (de)	feudal	[feudal]
feodaal (bn)	feudal	[feudal]
vazal (de)	vassal	[vasal]
hertog (de)	duke	[djuk]
graaf (de)	earl	[ørl]
baron (de)	baron	[baron]
bisschop (de)	uskup	[uskup]
harnas (het)	baju besi	[badʒu bɛsi]
schild (het)	perisai	[pɛrisaj]
zwaard (het)	pedang	[pɛdaŋ]
vizier (het)	vizor	[vizor]
maliënkolder (de)	baju zirah	[badʒu zirah]
kruistocht (de)	Perang Salib	[praŋ salib]
kruisvaarder (de)	salibi	[salibi]
gebied (bijv. bezette ~en)	wilayah	[vilajah]
aanvallen (binnenvallen)	menyerang	[mɛnjeraŋ]
veroveren (ww)	menakluki	[mɛnakluki]
innemen (binnenvallen)	menduduki	[mɛnduduki]
bezetting (de)	kepungan	[kɛpuŋan]
belegerd (bn)	terkepung	[tɛrkɛpuŋ]
belegeren (ww)	mengepung	[mɛŋɛpuŋ]
inquisitie (de)	pasitan	[pasitan]
inquisiteur (de)	ahli pasitan	[ahli pasitan]
foltering (de)	seksaan	[seksaan]
wreed (bn)	kejam	[kɛdʒam]
ketter (de)	orang musyrik	[oraŋ muɕrik]
ketterij (de)	kemusyrikan	[kɛmuɕrikan]
zeevaart (de)	pelayaran laut	[pɛlajaran laut]
piraat (de)	lanun	[lanun]
piraterij (de)	kegiatan melanun	[kɛgiatan mɛlanun]

enteren (het)	penyerbuan	[pɛnjerbuan]
buit (de)	penjarahan	[pɛndʒarahan]
schatten (mv.)	harta khazanah	[harta χazanah]

ontdekking (de)	penemuan	[pɛnɛmuan]
ontdekken (bijv. nieuw land)	menemui	[mɛnɛmui]
expeditie (de)	ekspedisi	[ekspedisi]

musketier (de)	askar senapang lantak	[askar sɛnapaŋ lantak]
kardinaal (de)	kardinal	[kardinal]
heraldiek (de)	ilmu lambang	[ilmu lambaŋ]
heraldisch (bn)	heraldik	[heraldik]

117. Leider. Baas. Autoriteiten

koning (de)	raja	[radʒa]
koningin (de)	ratu	[ratu]
koninklijk (bn)	diraja	[diradʒa]
koninkrijk (het)	kerajaan	[kɛradʒaan]

| prins (de) | putera | [putra] |
| prinses (de) | puteri | [putri] |

president (de)	presiden	[presiden]
vicepresident (de)	naib presiden	[naib presiden]
senator (de)	senator	[senator]

monarch (de)	raja	[radʒa]
heerser (de)	penguasa	[pɛŋwasa]
dictator (de)	diktator	[diktator]
tiran (de)	pezalim	[pɛzalim]
magnaat (de)	taikun	[tajkun]
directeur (de)	pengarah	[pɛŋarah]
chef (de)	ketua	[kɛtua]
beheerder (de)	pengurus	[pɛŋurus]
baas (de)	bos	[bos]
eigenaar (de)	pemilik	[pɛmilik]

leider (de)	pemimpin	[pɛmimpin]
hoofd	kepala	[kɛpala]
(bijv. ~ van de delegatie)		

| autoriteiten (mv.) | pihak berkuasa | [pihak bɛrkuasa] |
| superieuren (mv.) | pihak atasan | [pihak atasan] |

gouverneur (de)	gabnor	[gabnor]
consul (de)	konsul	[konsul]
diplomaat (de)	diplomat	[diplomat]
burgemeester (de)	datuk bandar	[datuk bandar]
sheriff (de)	sheriff	[ʃərif]

keizer (bijv. Romeinse ~)	maharaja	[maharadʒa]
tsaar (de)	tsar, raja	[tsar], [radʒa]
farao (de)	firaun	[firaun]
kan (de)	khan	[χan]

118. De wet overtreden. Criminelen. Deel 1

bandiet (de)	samseng	[samseŋ]
misdaad (de)	jenayah	[dʒɛnajah]
misdadiger (de)	penjenayah	[pɛndʒɛnajah]
dief (de)	pencuri	[pɛntʃuri]
stelen (ww)	mencuri	[mɛntʃuri]
stelen, diefstal (de)	pencurian	[pɛntʃurian]
kidnappen (ww)	menculik	[mɛntʃulik]
kidnapping (de)	penculikan	[pɛntʃulikan]
kidnapper (de)	penculik	[pɛntʃulik]
losgeld (het)	wang tebusan	[vaŋ tɛbusan]
eisen losgeld (ww)	menuntut wang tebusan	[mɛnuntut vaŋ tɛbusan]
overvallen (ww)	merampok	[mɛrampok]
overval (de)	perampokan	[pɛrampokan]
overvaller (de)	perampok	[pɛrampok]
afpersen (ww)	memeras ugut	[mɛmɛras ugut]
afperser (de)	pemeras ugut	[pɛmɛras ugut]
afpersing (de)	peras ugut	[pɛras ugut]
vermoorden (ww)	membunuh	[mɛmbunuh]
moord (de)	pembunuhan	[pɛmbunuhan]
moordenaar (de)	pembunuh	[pɛmbunuh]
schot (het)	tembakan	[tembakan]
een schot lossen	melepalkan tembakan	[mɛlɛpaskan tembakan]
neerschieten (ww)	menembak mati	[mɛnembak mati]
schieten (ww)	menembak	[mɛnembak]
schieten (het)	penembakan	[pɛnembakan]
ongeluk (gevecht, enz.)	kejadian	[kɛdʒadian]
gevecht (het)	perkelahian	[pɛrkɛlahian]
Help!	Tolong!	[toloŋ]
slachtoffer (het)	mangsa	[maŋsa]
beschadigen (ww)	merosak	[mɛrosak]
schade (de)	rugi	[rugi]
lijk (het)	bangkai	[baŋkaj]
zwaar (~ misdrijf)	berat	[brat]
aanvallen (ww)	menyerang	[mɛnjeraŋ]
slaan (iemand ~)	memukul	[mɛmukul]
in elkaar slaan (toetakelen)	memukul-mukul	[mɛmukul mukul]
ontnemen (beroven)	merebut	[mɛrɛbut]
steken (met een mes)	menikam mati	[mɛnikam mati]
verminken (ww)	mencacatkan	[mɛntʃatʃatkan]
verwonden (ww)	mencederakan	[mɛntʃɛdɛrakan]
chantage (de)	peras ugut	[pɛras ugut]
chanteren (ww)	memeras ugut	[mɛmɛras ugut]

chanteur (de)	pemeras ugut	[pɛmɛras ugut]
afpersing (de)	peras ugut wang perlindungan	[pɛras ugut vaŋ pɛrlinduŋan]
afperser (de)	pemeras ugut wang perlindungan	[pɛmɛras ugut vaŋ pɛrlinduŋan]
gangster (de)	gengster	[gɛŋstɛr]
maffia (de)	mafia	[mafia]
kruimeldief (de)	penyeluk saku	[pɛnjeluk saku]
inbreker (de)	pemecah rumah	[pɛmɛtʃah rumah]
smokkelen (het)	penyeludupan	[pɛnjeludupan]
smokkelaar (de)	penyeludup	[pɛnjeludup]
namaak (de)	pemalsuan	[pɛmalsuan]
namaken (ww)	memalsukan	[mɛmalsukan]
namaak-, vals (bn)	palsu	[palsu]

119. De wet overtreden. Criminelen. Deel 2

verkrachting (de)	pemerkosaan	[pɛmɛrkosaan]
verkrachten (ww)	memerkosa	[mɛmɛrkosa]
verkrachter (de)	pemerkosa	[pɛmɛrkosa]
maniak (de)	maniak	[maniak]
prostituee (de)	pelacur	[pɛlatʃur]
prostitutie (de)	pelacuran	[pɛlatʃuran]
pooier (de)	bapa ayam	[bapa ajam]
drugsverslaafde (de)	penagih dadah	[pɛnagih dadah]
drugshandelaar (de)	pengedar dadah	[pɛŋedar dadah]
opblazen (ww)	meletupkan	[mɛlɛtupkan]
explosie (de)	letupan	[lɛtupan]
in brand steken (ww)	membakar	[mɛmbakar]
brandstichter (de)	pelaku kebakaran	[pɛlaku kɛbakaran]
terrorisme (het)	keganasan	[keganasan]
terrorist (de)	pengganas	[pɛŋganas]
gijzelaar (de)	tebusan	[tɛbusan]
bedriegen (ww)	menipu	[mɛnipu]
bedrog (het)	penipuan	[pɛnipuan]
oplichter (de)	penipu	[pɛnipu]
omkopen (ww)	menyuap	[mɛnjuap]
omkoperij (de)	penyuapan	[pɛnjuapan]
smeergeld (het)	suapan	[suapan]
vergif (het)	racun	[ratʃun]
vergiftigen (ww)	meracuni	[mɛratʃuni]
vergif innemen (ww)	bunuh diri makan racun	[bunuh diri makan ratʃun]
zelfmoord (de)	bunuh diri	[bunuh diri]
zelfmoordenaar (de)	pembunuh diri	[pɛmbunuh diri]

bedreigen (bijv. met een pistool)	mengugut	[mɛŋugut]
bedreiging (de)	ugutan	[ugutan]
een aanslag plegen	mencuba	[mɛntʃuba]
aanslag (de)	percubaan membunuh	[pɛrtʃubaan mɛmbunuh]
stelen (een auto)	melarikan	[mɛlarikan]
kapen (een vliegtuig)	membajak	[mɛmbadʒak]
wraak (de)	dendam	[dɛndam]
wreken (ww)	mendendam	[mɛndɛndam]
martelen (gevangenen)	menyeksa	[mɛnjeksa]
foltering (de)	seksaan	[seksaan]
folteren (ww)	menyeksa	[mɛnjeksa]
piraat (de)	lanun	[lanun]
straatschender (de)	kaki gaduh	[kaki gaduh]
gewapend (bn)	bersenjata	[bɛrsɛndʒata]
geweld (het)	kekerasan	[kɛkɛrasan]
onwettig (strafbaar)	ilegal	[ilegal]
spionage (de)	pengintipan	[pɛŋintipan]
spioneren (ww)	mengintip	[mɛŋintip]

120. Politie. Wet. Deel 1

justitie (de)	keadilan	[kɛadilan]
gerechtshof (het)	mahkamah	[mahkamah]
rechter (de)	hakim	[hakim]
jury (de)	ahli juri	[ahli dʒuri]
juryrechtspraak (de)	juri	[dʒuri]
berechten (ww)	mengadili	[mɛŋadili]
advocaat (de)	peguam	[pɛguam]
beklaagde (de)	tertuduh	[tɛrtuduh]
beklaagdenbank (de)	kandang orang tertuduh	[kandaŋ oraŋ tɛrtuduh]
beschuldiging (de)	tuduhan	[tuduhan]
beschuldigde (de)	tertuduh	[tɛrtuduh]
vonnis (het)	hukuman	[hukuman]
veroordelen (in een rechtszaak)	menjatuhkan hukuman	[mɛndʒatuhkan hukuman]
schuldige (de)	pesalah	[pɛsalah]
straffen (ww)	menghukum	[mɛŋɣukum]
bestraffing (de)	hukuman	[hukuman]
boete (de)	denda	[dɛnda]
levenslange opsluiting (de)	penjara seumur hidup	[pɛndʒara sɛumur hidup]
doodstraf (de)	hukuman mati	[hukuman mati]
elektrische stoel (de)	kerusi elektrik	[krusi elektrik]

schavot (het)	tali gantung	[tali gantuŋ]
executeren (ww)	menjalankan hukuman mati	[mɛndʒalaŋkan hukuman mati]
executie (de)	hukuman	[hukuman]
gevangenis (de)	penjara	[pɛndʒara]
cel (de)	sel	[sel]
konvooi (het)	pengiring	[pɛŋiriŋ]
gevangenisbewaker (de)	warden	[vardɛn]
gedetineerde (de)	tahanan	[tahanan]
handboeien (mv.)	gari	[gari]
handboeien omdoen	mengenakan gari	[mɛnɛnakan gari]
ontsnapping (de)	pelarkan	[pɛlarian]
ontsnappen (ww)	melarikan diri	[mɛlarikan diri]
verdwijnen (ww)	hilang	[hilaŋ]
vrijlaten (uit de gevangenis)	melepaskan	[mɛlɛpaskan]
amnestie (de)	pengampunan	[pɛŋampunan]
politie (de)	polis	[polis]
politieagent (de)	anggota polis	[aŋgota polis]
politiebureau (het)	balai polis	[balaj polis]
knuppel (de)	belantan getah	[bɛlantan gɛtah]
megafoon (de)	corong suara	[tʃoroŋ suara]
patrouilleerwagen (de)	kereta peronda	[kreta pɛronda]
sirene (de)	siren	[sirɛn]
de sirene aansteken	menghidupkan siren	[mɛŋɣidupkan sirɛn]
geloei (het) van de sirene	bunyi penggera	[bunji pɛŋgera]
plaats delict (de)	tempat kelakuan jenayah	[tɛmpat kɛlakuan dʒɛnajah]
getuige (de)	saksi	[saksi]
vrijheid (de)	kebebasan	[kɛbɛbasan]
handlanger (de)	subahat	[subahat]
ontvluchten (ww)	melarikan diri	[mɛlarikan diri]
spoor (het)	jejak	[dʒɛdʒak]

121. Politie. Wet. Deel 2

opsporing (de)	pencarian	[pɛntʃarian]
opsporen (ww)	mencari	[mɛntʃari]
verdenking (de)	kecurigaan	[kɛtʃurigaan]
verdacht (bn)	mencurigakan	[mɛntʃurigakan]
aanhouden (stoppen)	menghentikan	[mɛŋɣɛntikan]
tegenhouden (ww)	menahan	[mɛnahan]
strafzaak (de)	kes	[kes]
onderzoek (het)	siasatan	[siasatan]
detective (de)	mata-mata gelap	[mata mata gɛlap]
onderzoeksrechter (de)	penyiasat	[pɛnjiasat]
versie (de)	versi	[vɛrsi]
motief (het)	motif	[motif]

verhoor (het)	soal siasat	[soal siasat]
ondervragen (door de politie)	menyoal siasat	[mɛnjoal siasat]
ondervragen (omstanders ~)	menyoal selidik	[mɛnjoal sɛlidik]
controle (de)	pemeriksaan	[pɛmɛriksaan]
razzia (de)	penyergapan	[pɛnjergapan]
huiszoeking (de)	penggeledahan	[pɛŋgɛledahan]
achtervolging (de)	pemburuan	[pɛmburuan]
achtervolgen (ww)	mengejar	[mɛnɛdʒar]
opsporen (ww)	mengesan	[mɛnɛsan]
arrest (het)	penahanan	[pɛnahanan]
arresteren (ww)	menahan	[mɛnahan]
vangen, aanhouden (een dief, enz.)	menangkap	[mɛnaŋkap]
aanhouding (de)	penangkapan	[pɛnaŋkapan]
document (het)	bokumen	[bokumen]
bewijs (het)	bukti	[bukti]
bewijzen (ww)	membukti	[mɛmbukti]
voetspoor (het)	jejak	[dʒedʒak]
vingerafdrukken (mv.)	cap jari	[tʃap dʒari]
bewijs (het)	bukti	[bukti]
alibi (het)	alibi	[alibi]
onschuldig (bn)	tidak bersalah	[tidak bɛrsalah]
onrecht (het)	ketidakadilan	[kɛtidakadilan]
onrechtvaardig (bn)	tidak adil	[tidak adil]
crimineel (bn)	jenayah	[dʒɛnajah]
confisqueren (in beslag nemen)	menyita	[mɛnjita]
drug (de)	najis dadah	[nadʒis dadah]
wapen (het)	senjata	[sɛndʒata]
ontwapenen (ww)	melucutkan senjata	[mɛlutʃutkan sɛndʒata]
bevelen (ww)	memerintah	[mɛmɛrintah]
verdwijnen (ww)	hilang	[hilaŋ]
wet (de)	undang-undang	[undaŋ undaŋ]
wettelijk (bn)	sah	[sah]
onwettelijk (bn)	tidak sah	[tidak sah]
verantwoordelijkheid (de)	tanggungjawab	[taŋguŋdʒavab]
verantwoordelijk (bn)	bertanggungjawab	[bɛrtaŋguŋdʒavab]

NATUUR

De Aarde. Deel 1

122. De kosmische ruimte

kosmos (de)	angkasa lepas	[aŋkasa lɛpas]
kosmisch (bn)	angkasa lepas	[aŋkasa lɛpas]
kosmische ruimte (de)	ruang angkasa lepas	[ruaŋ aŋkasa lɛpas]
wereld (de), heelal (het)	alam semesta	[alam sɛmɛsta]
wereld (de)	dunia	[dunia]
sterrenstelsel (het)	Bimasakti	[bimasakti]
ster (de)	bintang	[bintaŋ]
sterrenbeeld (het)	gugusan bintang	[gugusan bintaŋ]
planeet (de)	planet	[planet]
satelliet (de)	satelit	[satɛlit]
meteoriet (de)	meteorit	[meteorit]
komeet (de)	komet	[komet]
asteroïde (de)	asteroid	[asteroid]
baan (de)	edaran, orbit	[edaran], [orbit]
draaien (om de zon, enz.)	berputar	[bɛrputar]
atmosfeer (de)	udara	[udara]
Zon (de)	Matahari	[matahari]
zonnestelsel (het)	tata surya	[tata surja]
zonsverduistering (de)	gerhana matahari	[gɛrhana matahari]
Aarde (de)	Bumi	[bumi]
Maan (de)	Bulan	[bulan]
Mars (de)	Marikh	[mariχ]
Venus (de)	Zuhrah	[zuhrah]
Jupiter (de)	Musytari	[muʃtari]
Saturnus (de)	Zuhal	[zuhal]
Mercurius (de)	Utarid	[utarid]
Uranus (de)	Uranus	[uranus]
Neptunus (de)	Waruna	[varuna]
Pluto (de)	Pluto	[pluto]
Melkweg (de)	Bima Sakti	[bima sakti]
Grote Beer (de)	Bintang Biduk	[bintaŋ biduk]
Poolster (de)	Bintang Utara	[bintaŋ utara]
marsmannetje (het)	makhluk dari Marikh	[mahluk dari marih]
buitenaards wezen (het)	makhluk ruang angkasa	[maχluk ruaŋ aŋkasa]

bovenaards (het)	makhluk asing	[mahluk asiŋ]
vliegende schotel (de)	piring terbang	[piriŋ tɛrbaŋ]
ruimtevaartuig (het)	kapal angkasa lepas	[kapal aŋkasa lɛpas]
ruimtestation (het)	stesen orbit angkasa	[stesen orbit aŋkasa]
start (de)	pelancaran	[pɛlantʃaran]
motor (de)	enjin	[endʒin]
straalpijp (de)	muncung	[muntʃuŋ]
brandstof (de)	bahan bakar	[bahan bakar]
cabine (de)	kokpit	[kokpit]
antenne (de)	aerial	[aerial]
patrijspoort (de)	tingkap kapal	[tiŋkap kapal]
zonnebatterij (de)	sel surya	[sel surja]
ruimtepak (het)	pakaian angkasawan	[pakajan aŋkasavan]
gewichtloosheid (de)	keadaan graviti sifar	[kɛadaan graviti sifar]
zuurstof (de)	oksigen	[oksigɛn]
koppeling (de)	percantuman	[pɛrtʃantuman]
koppeling maken	melakukan cantuman	[mɛlakukan tʃantuman]
observatorium (het)	balai cerap	[balaj tʃɛrap]
telescoop (de)	teleskop	[teleskop]
waarnemen (ww)	menyaksikan	[mɛnjaksikan]
exploreren (ww)	menjelajahi	[mɛndʒɛladʒahi]

123. De Aarde

Aarde (de)	Bumi	[bumi]
aardbol (de)	bola Bumi	[bola bumi]
planeet (de)	planet	[planet]
atmosfeer (de)	udara	[udara]
aardrijkskunde (de)	geografi	[geografi]
natuur (de)	alam	[alam]
wereldbol (de)	glob	[glob]
kaart (de)	peta	[pɛta]
atlas (de)	atlas	[atlas]
Europa (het)	Eropah	[eropa]
Azië (het)	Asia	[asia]
Afrika (het)	Afrika	[afrika]
Australië (het)	Australia	[australia]
Amerika (het)	Amerika	[amerika]
Noord-Amerika (het)	Amerika Utara	[amerika utara]
Zuid-Amerika (het)	Amerika Selatan	[amerika sɛlatan]
Antarctica (het)	Antartika	[antartika]
Arctis (de)	Artik	[artik]

124. Windrichtingen

noorden (het)	utara	[utara]
naar het noorden	ke utara	[kɛ utara]
in het noorden	di utara	[di utara]
noordelijk (bn)	utara	[utara]
zuiden (het)	selatan	[sɛlatan]
naar het zuiden	ke selatan	[kɛ sɛlatan]
in het zuiden	di selatan	[di sɛlatan]
zuidelijk (bn)	selatan	[sɛlatan]
westen (het)	barat	[barat]
naar het westen	ke barat	[kɛ barat]
in het westen	di barat	[di barat]
westelijk (bn)	barat	[barat]
oosten (het)	timur	[timur]
naar het oosten	ke timur	[kɛ timur]
in het oosten	di timur	[di timur]
oostelijk (bn)	timur	[timur]

125. Zee. Oceaan

zee (de)	laut	[laut]
oceaan (de)	lautan	[lautan]
golf (baai)	teluk	[tɛluk]
straat (de)	selat	[sɛlat]
grond (vaste grond)	daratan	[daratan]
continent (het)	benua	[bɛnua]
eiland (het)	pulau	[pulau]
schiereiland (het)	semenanjung	[sɛmɛnandʒuŋ]
archipel (de)	kepulauan	[kɛpulawan]
baai, bocht (de)	teluk	[tɛluk]
haven (de)	pelabuhan	[pɛlabuhan]
lagune (de)	lagun	[lagun]
kaap (de)	tanjung	[tandʒuŋ]
atol (de)	pulau cincin	[pulau tʃintʃin]
rif (het)	terumbu	[tɛrumbu]
koraal (het)	karang	[karaŋ]
koraalrif (het)	terumbu karang	[tɛrumbu karaŋ]
diep (bn)	dalam	[dalam]
diepte (de)	kedalaman	[kɛdalaman]
diepzee (de)	jurang	[dʒuraŋ]
trog (bijv. Marianentrog)	jurang	[dʒuraŋ]
stroming (de)	arus	[arus]
omspoelen (ww)	bersempadan	[bɛrsɛmpadan]

oever (de)	**pantai**	[pantaj]
kust (de)	**pantai**	[pantaj]
vloed (de)	**air pasang**	[air pasaŋ]
eb (de)	**air surut**	[air surut]
ondiepte (ondiep water)	**beting**	[bɛtiŋ]
bodem (de)	**dasar**	[dasar]
golf (hoge ~)	**gelombang**	[gɛlombaŋ]
golfkam (de)	**puncak gelombang**	[puntʃak gɛlombaŋ]
schuim (het)	**buih**	[buih]
storm (de)	**badai**	[badaj]
orkaan (de)	**badai, taufan**	[badaj], [taufan]
tsunami (de)	**tsunami**	[tsunami]
windstilte (de)	**angin mati**	[aŋin mati]
kalm (bijv. ~e zee)	**tenang**	[tɛnaŋ]
pool (de)	**khutub**	[χutub]
polair (bn)	**polar**	[polar]
breedtegraad (de)	**garisan lintang**	[garisan lintaŋ]
lengtegraad (de)	**garisan bujur**	[garisan budʒur]
parallel (de)	**garisan latitud**	[garisan latitud]
evenaar (de)	**khatulistiwa**	[χatulistiva]
hemel (de)	**langit**	[laŋit]
horizon (de)	**kaki langit**	[kaki laŋit]
lucht (de)	**udara**	[udara]
vuurtoren (de)	**rumah api**	[rumah api]
duiken (ww)	**menyelam**	[mɛnjelam]
zinken (ov. een boot)	**karam**	[karam]
schatten (mv.)	**harta karun**	[harta karun]

126. Namen van zeeën en oceanen

Atlantische Oceaan (de)	**Lautan Atlantik**	[lautan atlantik]
Indische Oceaan (de)	**Lautan Hindia**	[lautan hindia]
Stille Oceaan (de)	**Lautan Teduh**	[lautan tɛduh]
Noordelijke IJszee (de)	**Lautan Arktik**	[lautan arktik]
Zwarte Zee (de)	**Laut Hitam**	[laut hitam]
Rode Zee (de)	**Laut Merah**	[laut merah]
Gele Zee (de)	**Laut Kuning**	[laut kuniŋ]
Witte Zee (de)	**Laut Putih**	[laut putih]
Kaspische Zee (de)	**Laut Caspian**	[laut kaspian]
Dode Zee (de)	**Laut Mati**	[laut mati]
Middellandse Zee (de)	**Laut Tengah**	[laut tɛŋah]
Egeïsche Zee (de)	**Laut Aegean**	[laut idʒian]
Adriatische Zee (de)	**Laut Adriatik**	[laut adriatik]
Arabische Zee (de)	**Laut Arab**	[laut arab]

Japanse Zee (de)	**Laut Jepun**	[laut dʒepun]
Beringzee (de)	**Laut Bering**	[laut beriŋ]
Zuid-Chinese Zee (de)	**Laut Cina Selatan**	[laut tʃina sɛlatan]
Koraalzee (de)	**Laut Coral**	[laut koral]
Tasmanzee (de)	**Laut Tasmania**	[laut tasmania]
Caribische Zee (de)	**Laut Caribbean**	[laut karibean]
Barentszzee (de)	**Laut Barents**	[laut barents]
Karische Zee (de)	**Laut Kara**	[laut kara]
Noordzee (de)	**Laut Utara**	[laut utara]
Baltische Zee (de)	**Laut Baltik**	[laut baltik]
Noorse Zee (de)	**Laut Norway**	[laut norvej]

127. Bergen

berg (de)	**gunung**	[gunuŋ]
bergketen (de)	**banjaran gunung**	[bandʒaran gunuŋ]
gebergte (het)	**rabung gunung**	[rabuŋ gunuŋ]
bergtop (de)	**puncak**	[puntʃak]
bergpiek (de)	**puncak**	[puntʃak]
voet (ov. de berg)	**kaki**	[kaki]
helling (de)	**cerun**	[tʃɛrun]
vulkaan (de)	**gunung berapi**	[gunuŋ bɛrapi]
actieve vulkaan (de)	**gunung berapi hidup**	[gunuŋ bɛrapi hidup]
uitgedoofde vulkaan (de)	**gunung api yang tidak aktif**	[gunuŋ api jaŋ tidak aktif]
uitbarsting (de)	**letusan**	[lɛtusan]
krater (de)	**kawah**	[kavah]
magma (het)	**magma**	[magma]
lava (de)	**lahar**	[lahar]
gloeiend (~e lava)	**pijar**	[pidʒar]
kloof (canyon)	**kanyon**	[kanjon]
bergkloof (de)	**jurang**	[dʒuraŋ]
spleet (de)	**krevis**	[krevis]
afgrond (de)	**jurang**	[dʒuraŋ]
bergpas (de)	**genting**	[gɛntiŋ]
plateau (het)	**penara**	[pɛnara]
klip (de)	**cenuram**	[tʃɛnuram]
heuvel (de)	**bukit**	[bukit]
gletsjer (de)	**glasier**	[glasier]
waterval (de)	**air terjun**	[air tɛrdʒun]
geiser (de)	**pancutan air panas**	[pantʃutan air panas]
meer (het)	**tasik**	[tasik]
vlakte (de)	**dataran**	[dataran]
landschap (het)	**pemandangan**	[pɛmandaŋan]
echo (de)	**kumandang**	[kumandaŋ]

alpinist (de)	pendaki gunung	[pɛndaki gunuŋ]
bergbeklimmer (de)	pendaki batu	[pɛndaki batu]
trotseren (berg ~)	menaklukkan	[mɛnaklukkan]
beklimming (de)	pendakian	[pɛndakian]

128. Bergen namen

Alpen (de)	Alps	[alps]
Mont Blanc (de)	Mont Blanc	[mont blaŋk]
Pyreneeën (de)	Pyrenees	[pirinis]
Karpaten (de)	Pegunungan Carpathia	[pɛgunuŋan karpatia]
Oeralgebergte (het)	Pegunungan Ural	[pɛgunuŋan ural]
Kaukasus (de)	Kaukasia	[kaukasia]
Elbroes (de)	Elbrus	[elbrus]
Altaj (de)	Altai	[altaj]
Tiensjan (de)	Tien Shan	[tien ʃan]
Pamir (de)	Pamir	[pamir]
Himalaya (de)	Himalaya	[himalaja]
Everest (de)	Everest	[everest]
Andes (de)	Andes	[andes]
Kilimanjaro (de)	Kilimanjaro	[kilimandʒaro]

129. Rivieren

rivier (de)	sungai	[suŋaj]
bron (~ van een rivier)	mata air	[mata air]
rivierbedding (de)	dasar sungai	[dasar suŋaj]
rivierbekken (het)	lembah sungai	[lɛmbah suŋaj]
uitmonden in ...	bermuara	[bɛrmuara]
zijrivier (de)	anak sungai	[anak suŋaj]
oever (de)	tepi	[tepi]
stroming (de)	arus	[arus]
stroomafwaarts (bw)	ke hilir	[kɛ hilir]
stroomopwaarts (bw)	ke hulu	[kɛ hulu]
overstroming (de)	banjir	[bandʒir]
overstroming (de)	air bah	[air bah]
buiten zijn oevers treden	meluap	[mɛluap]
overstromen (ww)	menggenangi	[mɛŋgɛnaɲi]
zandbank (de)	beting	[bɛtiŋ]
stroomversnelling (de)	jeram	[dʒɛram]
dam (de)	empangan	[ɛmpaŋan]
kanaal (het)	terusan	[tɛrusan]
spaarbekken (het)	takungan	[takuŋan]
sluis (de)	pintu air	[pintu air]

waterlichaam (het)	kolam	[kolam]
moeras (het)	bencah	[bɛntʃah]
broek (het)	paya	[paja]
draaikolk (de)	pusaran air	[pusaran air]
stroom (de)	anak sungai	[anak suŋaj]
drink- (abn)	minum	[minum]
zoet (~ water)	tawar	[tavar]
ijs (het)	ais	[ajs]
bevriezen (rivier, enz.)	membeku	[mɛmbɛku]

130. Namen van rivieren

Seine (de)	Seine	[sɛn]
Loire (de)	Loire	[luar]
Theems (de)	Thames	[tɛms]
Rijn (de)	Rhine	[rajn]
Donau (de)	Danube	[danub]
Wolga (de)	Volga	[volga]
Don (de)	Don	[don]
Lena (de)	Lena	[lena]
Gele Rivier (de)	Hwang Ho	[hvaŋ ho]
Blauwe Rivier (de)	Yangtze	[jaŋtze]
Mekong (de)	Mekong	[mekoŋ]
Ganges (de)	Ganges	[gandʒis]
Nijl (de)	sungai Nil	[suŋaj nil]
Kongo (de)	Congo	[koŋo]
Okavango (de)	Okavango	[okavaŋo]
Zambezi (de)	Zambezi	[zambezi]
Limpopo (de)	Limpopo	[limpopo]
Mississippi (de)	Mississippi	[misisipi]

131. Bos

bos (het)	hutan	[hutan]
bos- (abn)	hutan	[hutan]
oerwoud (dicht bos)	hutan lebat	[hutan lɛbat]
bosje (klein bos)	hutan kecil	[hutan kɛtʃil]
open plek (de)	cerang	[tʃeraŋ]
struikgewas (het)	belukar	[bɛlukar]
struiken (mv.)	pokok renek	[pokok renek]
paadje (het)	jalan setapak	[dʒalan sɛtapak]
ravijn (het)	gaung	[gauŋ]
boom (de)	pokok	[pokok]

| blad (het) | daun | [daun] |
| gebladerte (het) | daun-daunan | [daun daunan] |

vallende bladeren (mv.)	daun luruh	[daun luruh]
vallen (ov. de bladeren)	gugur	[gugur]
boomtop (de)	puncak	[puntʃak]

tak (de)	cabang	[tʃabaŋ]
ent (de)	dahan	[dahan]
knop (de)	mata tunas	[mata tunas]
naald (de)	jejarum	[dʒedʒarum]
dennenappel (de)	buah konifer	[buah konifer]

boom holte (de)	lubang	[lubaŋ]
nest (het)	sarang	[saraŋ]
hol (het)	lubang	[lubaŋ]

stam (de)	batang	[bataŋ]
wortel (bijv. boom~s)	akar	[akar]
schors (de)	kulit	[kulit]
mos (het)	lumut	[lumut]

ontwortelen (een boom)	mencabut	[mɛntʃabut]
kappen (een boom ~)	menebang	[mɛnɛbaŋ]
ontbossen (ww)	membasmi hutan	[mɛmbasmi hutan]
stronk (de)	tunggul	[tuŋgul]

kampvuur (het)	unggun api	[uŋgun api]
bosbrand (de)	kebakaran	[kɛbakaran]
blussen (ww)	memadamkan	[mɛmadamkan]

boswachter (de)	renjer hutan	[rendʒɛr hutan]
bescherming (de)	perlindungan	[pɛrlinduŋan]
beschermen (bijv. de natuur ~)	melindungi	[mɛlinduŋi]

| stroper (de) | penebang haram | [pɛnɛbaŋ haram] |
| val (de) | perangkap | [praŋkap] |

| plukken (vruchten, enz.) | memetik | [mɛmɛtik] |
| verdwalen (de weg kwijt zijn) | sesat jalan | [sɛsat dʒalan] |

132. Natuurlijke hulpbronnen

natuurlijke rijkdommen (mv.)	kekayaan alam	[kɛkajaan alam]
delfstoffen (mv.)	galian	[galian]
lagen (mv.)	mendapan	[mɛndapan]
veld (bijv. olie~)	lapangan	[lapaŋan]

winnen (uit erts ~)	melombong	[mɛlomboŋ]
winning (de)	perlombongan	[pɛrlomboŋan]
erts (het)	bijih	[bidʒih]
mijn (bijv. kolenmijn)	lombong	[lomboŋ]
mijnschacht (de)	lombong	[lomboŋ]
mijnwerker (de)	buruh lombong	[buruh lomboŋ]

gas (het)	**gas**	[gas]
gasleiding (de)	**talian paip gas**	[talian pajp gas]
olie (aardolie)	**minyak**	[minjak]
olieleiding (de)	**saluran paip minyak**	[saluran paɪp minjak]
oliebron (de)	**telaga minyak**	[tɛlaga minjak]
boortoren (de)	**menara minyak**	[mɛnara minjak]
tanker (de)	**kapal tangki**	[kapal taŋki]
zand (het)	**pasir**	[pasir]
kalksteen (de)	**kapur**	[kapur]
grind (het)	**kerikil**	[kɛrikil]
veen (het)	**gambut**	[gambut]
klei (de)	**tanah liat**	[tanah liat]
steenkool (de)	**arang**	[araŋ]
ijzer (het)	**besi**	[bɛsi]
goud (het)	**emas**	[ɛmas]
zilver (het)	**perak**	[perak]
nikkel (het)	**nikel**	[nikɛl]
koper (het)	**tembaga**	[tɛmbaga]
zink (het)	**zink**	[ziŋk]
mangaan (het)	**mangan**	[maŋan]
kwik (het)	**air raksa**	[air raksa]
lood (het)	**timah hitam**	[timah hitam]
mineraal (het)	**galian**	[galian]
kristal (het)	**hablur**	[hablur]
marmer (het)	**pualam**	[pualam]
uraan (het)	**uranium**	[uranium]

De Aarde. Deel 2

133. Weer

weer (het)	cuaca	[tʃuatʃa]
weersvoorspelling (de)	ramalan cuaca	[ramalan tʃuatʃa]
temperatuur (de)	suhu	[suhu]
thermometer (de)	termometer	[tɛrmometɛr]
barometer (de)	barometer	[barometɛr]
vochtig (bn)	lembap	[lɛmbap]
vochtigheid (de)	kelembapan	[kɛlɛmbapan]
hitte (de)	panas terik	[panas tɛrik]
heet (bn)	panas terik	[panas tɛrik]
het is heet	panas	[panas]
het is warm	panas	[panas]
warm (bn)	hangat	[haŋat]
het is koud	cuaca sejuk	[tʃuatʃa sɛdʒuk]
koud (bn)	sejuk	[sɛdʒuk]
zon (de)	matahari	[matahari]
schijnen (de zon)	bersinar	[bɛrsinar]
zonnig (~e dag)	cerah	[tʃɛrah]
opgaan (ov. de zon)	terbit	[tɛrbit]
ondergaan (ww)	duduk	[duduk]
wolk (de)	awan	[avan]
bewolkt (bn)	berawan	[bɛravan]
regenwolk (de)	awan mendung	[avan mɛnduŋ]
somber (bn)	mendung	[mɛnduŋ]
regen (de)	hujan	[hudʒan]
het regent	hujan turun	[hudʒan turun]
regenachtig (bn)	hujan	[hudʒan]
motregenen (ww)	renyai-renyai	[rɛnjai rɛnjai]
plensbui (de)	hujan lebat	[hudʒan lɛbat]
stortbui (de)	hujan lebat	[hudʒan lɛbat]
hard (bn)	lebat	[lɛbat]
plas (de)	lopak	[lopak]
nat worden (ww)	kebasahan	[kɛbasahan]
mist (de)	kabus	[kabus]
mistig (bn)	berkabus	[bɛrkabus]
sneeuw (de)	salji	[saldʒi]
het sneeuwt	salji turun	[saldʒi turun]

134. Zwaar weer. Natuurrampen

noodweer (storm)	hujan ribut	[hudʒan ribut]
bliksem (de)	kilat	[kilat]
flitsen (ww)	berkilau	[bɛrkilau]
donder (de)	guruh	[guruh]
donderen (ww)	bergemuruh	[bɛrgɛmuruh]
het dondert	guruh berbunyi	[guruh bɛrbunji]
hagel (de)	hujan batu	[hudʒan batu]
het hagelt	hujan batu turun	[hudʒan batu turun]
overstromen (ww)	menggenangi	[mɛŋgɛnaŋi]
overstroming (de)	banjir	[bandʒir]
aardbeving (de)	gempa bumi	[gɛmpa bumi]
aardschok (de)	gegaran	[gɛgaran]
epicentrum (het)	titik	[titik]
uitbarsting (de)	letusan	[lɛtusan]
lava (de)	lahar	[lahar]
wervelwind (de)	puting beliung	[putiŋ bɛliuŋ]
windhoos (de)	tornado	[tornado]
tyfoon (de)	taufan	[taufan]
orkaan (de)	badai, taufan	[badaj], [taufan]
storm (de)	badai	[badaj]
tsunami (de)	tsunami	[tsunami]
cycloon (de)	siklon	[siklon]
onweer (het)	cuaca buruk	[tʃuatʃa buruk]
brand (de)	kebakaran	[kɛbakaran]
ramp (de)	bencana	[bɛntʃana]
meteoriet (de)	meteorit	[meteorit]
lawine (de)	runtuhan	[runtuhan]
sneeuwverschuiving (de)	salji runtuh	[saldʒi runtuh]
sneeuwjacht (de)	badai salji	[badaj saldʒi]
sneeuwstorm (de)	ribut salji	[ribut saldʒi]

Fauna

135. Zoogdieren. Roofdieren

roofdier (het)	pemangsa	[pɛmaŋsa]
tijger (de)	harimau	[harimau]
leeuw (de)	singa	[siŋa]
wolf (de)	serigala	[srigala]
vos (de)	rubah	[rubah]
jaguar (de)	jaguar	[dʒaguar]
luipaard (de)	harimau akar	[harimau akar]
jachtluipaard (de)	harimau bintang	[harimau bintaŋ]
panter (de)	harimau kumbang	[harimau kumbaŋ]
poema (de)	puma	[puma]
sneeuwluipaard (de)	harimau bintang salji	[harimau bintaŋ saldʒi]
lynx (de)	lynx	[liŋks]
coyote (de)	koyote	[kojot]
jakhals (de)	jakal	[dʒakal]
hyena (de)	dubuk	[dubuk]

136. Wilde dieren

dier (het)	binatang	[binataŋ]
beest (het)	binatang liar	[binataŋ liar]
eekhoorn (de)	tupai	[tupaj]
egel (de)	landak susu	[landak susu]
haas (de)	kelinci	[kɛlintʃi]
konijn (het)	arnab	[arnab]
das (de)	telugu	[tɛlugu]
wasbeer (de)	rakun	[rakun]
hamster (de)	hamster	[hamster]
marmot (de)	marmot	[marmot]
mol (de)	tikus tanah	[tikus tanah]
muis (de)	mencit	[mɛntʃit]
rat (de)	tikus mondok	[tikus mondok]
vleermuis (de)	kelawar	[kɛlavar]
hermelijn (de)	ermin	[ermin]
sabeldier (het)	sable	[sable]
marter (de)	marten	[marten]
wezel (de)	wesel	[vesel]
nerts (de)	mink	[miŋk]

bever (de)	beaver	[biver]
otter (de)	memerang	[mɛmɛraŋ]
paard (het)	kuda	[kuda]
eland (de)	rusa elk	[rusa elk]
hert (het)	rusa	[rusa]
kameel (de)	unta	[unta]
bizon (de)	bison	[bison]
wisent (de)	aurochs	[oroks]
buffel (de)	kerbau	[kɛrbau]
zebra (de)	kuda belang	[kuda bɛlaŋ]
antilope (de)	antelop	[antelop]
ree (de)	kijang	[kidʒaŋ]
damhert (het)	rusa	[rusa]
gems (de)	chamois	[ʃɛmva]
everzwijn (het)	babi hutan jantan	[babi hutan dʒantan]
walvis (de)	ikan paus	[ikan paus]
rob (de)	anjing laut	[andʒiŋ laut]
walrus (de)	walrus	[valrus]
zeebeer (de)	anjing laut berbulu	[andʒiŋ laut bɛrbulu]
dolfijn (de)	lumba-lumba	[lumba lumba]
beer (de)	beruang	[bɛruaŋ]
ijsbeer (de)	beruang kutub	[bɛruaŋ kutub]
panda (de)	panda	[panda]
aap (de)	monyet	[monjet]
chimpansee (de)	cimpanzi	[tʃimpanzi]
orang-oetan (de)	orang hutan	[oraŋ hutan]
gorilla (de)	gorila	[gorila]
makaak (de)	kera	[kra]
gibbon (de)	ungka	[uŋka]
olifant (de)	gajah	[gadʒah]
neushoorn (de)	badak	[badak]
giraffe (de)	zirafah	[zirafah]
nijlpaard (het)	kuda air	[kuda air]
kangoeroe (de)	kanggaru	[kaŋgaru]
koala (de)	koala	[koala]
mangoest (de)	cerpelai	[tʃɛrpelaj]
chinchilla (de)	chinchilla	[tʃintʃilla]
stinkdier (het)	skunk	[skuŋk]
stekelvarken (het)	landak	[landak]

137. Huisdieren

poes (de)	kucing betina	[kutʃiŋ bɛtina]
kater (de)	kucing jantan	[kutʃiŋ dʒantan]
hond (de)	anjing	[andʒiŋ]

paard (het)	kuda	[kuda]
hengst (de)	kuda jantan	[kuda dʒantan]
merrie (de)	kuda betina	[kuda bɛtina]
koe (de)	lembu	[lɛmbu]
bul, stier (de)	lembu jantan	[lɛmbu dʒantan]
os (de)	lembu jantan	[lɛmbu dʒantan]
schaap (het)	kambing biri-biri	[kambiŋ biri biri]
ram (de)	biri-biri jantan	[biri biri dʒantan]
geit (de)	kambing betina	[kambiŋ bɛtina]
bok (de)	kambing jantan	[kambiŋ dʒantan]
ezel (de)	keldai	[kɛldaj]
muilezel (de)	baghal	[baɣal]
varken (het)	babi	[babi]
biggetje (het)	anak babi	[anak babi]
konijn (het)	arnab	[arnab]
kip (de)	ayam	[ajam]
haan (de)	ayam jantan	[ajam dʒantan]
eend (de)	itik	[itik]
woerd (de)	itik jantan	[itik dʒantan]
gans (de)	angsa	[aŋsa]
kalkoen haan (de)	ayam belanda jantan	[ajam blanda dʒantan]
kalkoen (de)	ayam belanda betina	[ajam blanda bɛtina]
huisdieren (mv.)	binatang ternakan	[binataŋ tɛrnakan]
tam (bijv. hamster)	jinak	[dʒinak]
temmen (tam maken)	menjinak	[mɛndʒinak]
fokken (bijv. paarden ~)	memelihara	[mɛmɛlihara]
boerderij (de)	ladang, estet	[ladaŋ], [estet]
gevogelte (het)	ayam-itik	[ajam itik]
rundvee (het)	ternakan	[tɛrnakan]
kudde (de)	kawanan	[kavanan]
paardenstal (de)	kandang kuda	[kandaŋ kuda]
zwijnenstal (de)	kandang babi	[kandaŋ babi]
koeienstal (de)	kandang lembu	[kandaŋ lɛmbu]
konijnenhok (het)	sangkar arnab	[saŋkar arnab]
kippenhok (het)	kandang ayam	[kandaŋ ajam]

138. Vogels

vogel (de)	burung	[buruŋ]
duif (de)	burung merpati	[buruŋ mɛrpati]
mus (de)	burung pipit	[buruŋ pipit]
koolmees (de)	burung tit	[buruŋ tit]
ekster (de)	murai	[muraj]
raaf (de)	burung raven	[buruŋ raven]

kraai (de)	burung gagak	[buruŋ gagak]
kauw (de)	burung jackdaw	[buruŋ dʒɛkdo]
roek (de)	burung rook	[buruŋ ruk]
eend (de)	itik	[itik]
gans (de)	angsa	[aŋsa]
fazant (de)	burung kuang	[buruŋ kuaŋ]
arend (de)	helang	[hɛlaŋ]
havik (de)	burung helang	[buruŋ hɛlaŋ]
valk (de)	burung falcon	[buruŋ falkon]
gier (de)	hering	[hɛriŋ]
condor (de)	kondor	[kondor]
zwaan (de)	swan	[svon]
kraanvogel (de)	burung jenjang	[buruŋ dʒɛndʒaŋ]
ooievaar (de)	burung botak	[buruŋ botak]
papegaai (de)	burung nuri	[buruŋ nuri]
kolibrie (de)	burung madu	[buruŋ madu]
pauw (de)	burung merak	[buruŋ mɛrak]
struisvogel (de)	burung unta	[buruŋ unta]
reiger (de)	burung pucung	[buruŋ putʃuŋ]
flamingo (de)	burung flamingo	[buruŋ flamiŋo]
pelikaan (de)	burung undan	[buruŋ undan]
nachtegaal (de)	burung merbah	[buruŋ mɛrbah]
zwaluw (de)	burung layang-layang	[buruŋ lajaŋ lajaŋ]
lijster (de)	burung murai	[buruŋ muraj]
zanglijster (de)	burung song thrush	[buruŋ soŋ traʃ]
merel (de)	burung hitam	[buruŋ hitam]
gierzwaluw (de)	burung walet	[buruŋ valet]
leeuwerik (de)	seri ayu	[sri aju]
kwartel (de)	burung puyuh	[buruŋ pujuh]
specht (de)	burung belatuk	[buruŋ bɛlatuk]
koekoek (de)	sewah padang	[sɛvah padaŋ]
uil (de)	burung hantu	[buruŋ hantu]
oehoe (de)	burung jampok	[buruŋ dʒampok]
auerhoen (het)	wood grouse	[vud graus]
korhoen (het)	grouse hitam	[graus hitam]
patrijs (de)	ayam hutan	[ajam hutan]
spreeuw (de)	burung starling	[buruŋ starliŋ]
kanarie (de)	burung kenari	[buruŋ kɛnari]
hazelhoen (het)	burung hazel grouse	[buruŋ hazel graus]
vink (de)	burung chaffinch	[buruŋ tʃafintʃ]
goudvink (de)	burung bullfinch	[buruŋ bulfintʃ]
meeuw (de)	burung camar	[buruŋ tʃamar]
albatros (de)	albatros	[albatros]
pinguïn (de)	penguin	[peŋuin]

139. Vis. Zeedieren

brasem (de)	ikan bream	[ikan brim]
karper (de)	ikan kap	[ikan kap]
baars (de)	ikan puyu	[ikan puju]
meerval (de)	ikan keli	[ikan kli]
snoek (de)	ikan paik	[ikan pajk]
zalm (de)	salmon	[salmon]
steur (de)	ikan sturgeon	[ikan sturgeon]
haring (de)	ikan hering	[ikan hɛriŋ]
atlantische zalm (de)	salmon Atlantik	[salmon atlantik]
makreel (de)	ikan tenggiri	[ikan tɛŋgiri]
platvis (de)	ikan sebelah	[ikan sɛblah]
snoekbaars (de)	ikan zander	[ikan zander]
kabeljauw (de)	ikan kod	[ikan kod]
tonijn (de)	tuna	[tuna]
forel (de)	ikan trout	[ikan trout]
paling (de)	ikan belut	[ikan bɛlut]
sidderrog (de)	ikan pari elektrik	[ikan pari ɛlektrik]
murene (de)	ikan moray eel	[ikan morej il]
piranha (de)	pirana	[pirana]
haai (de)	jerung	[dʒɛruŋ]
dolfijn (de)	lumba-lumba	[lumba lumba]
walvis (de)	ikan paus	[ikan paus]
krab (de)	ketam	[kɛtam]
kwal (de)	ubur-ubur	[ubur ubur]
octopus (de)	sotong kurita	[sotoŋ kurita]
zeester (de)	tapak sulaiman	[tapak sulajman]
zee-egel (de)	landak laut	[landak laut]
zeepaardje (het)	kuda laut	[kuda laut]
oester (de)	tiram	[tiram]
garnaal (de)	udang	[udaŋ]
kreeft (de)	udang karang	[udaŋ karaŋ]
langoest (de)	udang krai	[udaŋ kraj]

140. Amfibieën. Reptielen

slang (de)	ular	[ular]
giftig (slang)	beracun	[bɛratʃun]
adder (de)	ular beludak	[ular bɛludak]
cobra (de)	kobra	[kobra]
python (de)	ular sawa	[ular sava]
boa (de)	ular boa	[ular boa]
ringslang (de)	ular cincin emas	[ular tʃintʃin ɛmas]

ratelslang (de)	ular orok-orok	[ular orok orok]
anaconda (de)	ular anaconda	[ular anakonda]
hagedis (de)	cicak	[ʧiʧak]
leguaan (de)	iguana	[iguana]
varaan (de)	biawak	[biavak]
salamander (de)	salamander	[salamandɛr]
kameleon (de)	sumpah-sumpah	[sumpah sumpah]
schorpioen (de)	kala jengking	[kala dʒɛŋkiŋ]
schildpad (de)	kura-kura	[kura kura]
kikker (de)	katak	[katak]
pad (de)	katak puru	[katak puru]
krokodil (de)	buaya	[buaja]

141. Insecten

insect (het)	serangga	[sɛraŋga]
vlinder (de)	rama-rama	[rama rama]
mier (de)	semut	[sɛmut]
vlieg (de)	lalat	[lalat]
mug (de)	nyamuk	[njamuk]
kever (de)	kumbang	[kumbaŋ]
wesp (de)	penyengat	[pɛnjeŋat]
bij (de)	lebah	[lɛbah]
hommel (de)	kumbang	[kumbaŋ]
horzel (de)	lalat kerbau	[lalat kɛrbau]
spin (de)	labah-labah	[labah labah]
spinnenweb (het)	sarang labah-labah	[saraŋ labah labah]
libel (de)	pepatung	[pɛpatuŋ]
sprinkhaan (de)	belalang	[bɛlalaŋ]
nachtvlinder (de)	kupu-kupu	[kupu kupu]
kakkerlak (de)	lipas	[lipas]
teek (de)	cengkenit	[ʧɛŋkɛnit]
vlo (de)	pinjal	[pindʒal]
kriebelmug (de)	agas	[agas]
treksprinkhaan (de)	belalang juta	[bɛlalaŋ dʒuta]
slak (de)	siput	[siput]
krekel (de)	cengkerik	[ʧɛŋkrik]
glimworm (de)	kelip-kelip	[klip klip]
lieveheersbeestje (het)	kumbang kura-Kura	[kumbaŋ kura kura]
meikever (de)	kumbang kabai	[kumbaŋ kabaj]
bloedzuiger (de)	lintah	[lintah]
rups (de)	ulat bulu	[ulat bulu]
aardworm (de)	cacing	[ʧaʧiŋ]
larve (de)	larva	[larva]

Flora

142. Bomen

boom (de)	pokok	[pokok]
loof- (abn)	daun luruh	[daun luruh]
dennen- (abn)	konifer	[kɔnifer]
groenblijvend (bn)	malar hijau	[malar hidʒau]
appelboom (de)	pokok epal	[pokok epal]
perenboom (de)	pokok pear	[pokok pɛar]
zoete kers (de)	pokok ceri manis	[pokok tʃeri manis]
zure kers (de)	pokok ceri	[pokok tʃeri]
pruimelaar (de)	pokok plam	[pokok plam]
berk (de)	pokok birch	[pokok 'bøtʃ]
eik (de)	oak	[ouk]
linde (de)	pokok linden	[pokok linden]
esp (de)	pokok aspen	[pokok aspen]
esdoorn (de)	pokok mapel	[pokok mapel]
spar (de)	pokok fir	[pokok fir]
den (de)	pokok pain	[pokok pajn]
lariks (de)	pokok larch	[pokok lartʃ]
zilverspar (de)	fir	[fir]
ceder (de)	pokok cedar	[pokok sidɛr]
populier (de)	pokok poplar	[pokok poplar]
lijsterbes (de)	pokok rowan	[pokok rovan]
wilg (de)	pokok willow	[pokok villou]
els (de)	pokok alder	[pokok alder]
beuk (de)	pokok bic	[pokok bitʃ]
iep (de)	pokok elm	[pokok ɛlm]
es (de)	pokok abu	[pokok abu]
kastanje (de)	berangan	[bɛraŋan]
magnolia (de)	magnolia	[magnolia]
palm (de)	palma	[palma]
cipres (de)	pokok cipres	[pokok tʃipres]
mangrove (de)	bakau	[bakau]
baobab (apenbroodboom)	baobab	[baobab]
eucalyptus (de)	eukaliptus	[ɛukaliptus]
mammoetboom (de)	sequoia	[sekuoja]

143. Heesters

struik (de)	pokok	[pokok]
heester (de)	pokok renek	[pokok renek]

wijnstok (de)	pokok anggur	[pokok aŋgur]
wijngaard (de)	kebun anggur	[qbun aŋgur]
frambozenstruik (de)	pokok raspberi	[pokok rasberi]
zwarte bes (de)	pokok beri hitam	[pokok kismis hitam]
rode bessenstruik (de)	pokok kismis merah	[pokok kismis merah]
kruisbessenstruik (de)	pokok gusberi	[pokok gusberi]
acacia (de)	pokok akasia	[pokok akasia]
zuurbes (de)	pokok barberi	[pokok barberi]
jasmijn (de)	melati	[m'lati]
jeneverbes (de)	pokok juniper	[pokok dʒuniper]
rozenstruik (de)	pokok mawar	[pokok mavar]
hondsroos (de)	brayer	[brajer]

144. Vruchten. Bessen

vrucht (de)	buah	[buah]
vruchten (mv.)	buah-buahan	[buah buahan]
appel (de)	epal	[epal]
peer (de)	buah pear	[buah pear]
pruim (de)	plam	[plam]
aardbei (de)	strawberi	[stroberi]
zure kers (de)	buah ceri	[buah tʃeri]
zoete kers (de)	ceri manis	[tʃeri manis]
druif (de)	anggur	[aŋgur]
framboos (de)	raspberi	[rasberi]
zwarte bes (de)	beri hitam	[beri hitam]
rode bes (de)	buah kismis merah	[buah kismis merah]
kruisbes (de)	buah gusberi	[buah gusberi]
veenbes (de)	kranberi	[kranberi]
sinaasappel (de)	jeruk manis	[dʒeruk manis]
mandarijn (de)	limau mandarin	[limau mandarin]
ananas (de)	nanas	[nanas]
banaan (de)	pisang	[pisaŋ]
dadel (de)	buah kurma	[buah kurma]
citroen (de)	lemon	[lemon]
abrikoos (de)	aprikot	[aprikot]
perzik (de)	pic	[pitʃ]
kiwi (de)	kiwi	[kivi]
grapefruit (de)	limau gedang	[limau gɛdaŋ]
bes (de)	buah beri	[buah beri]
bessen (mv.)	buah-buah beri	[buah buah beri]
vossenbes (de)	cowberry	[kauberi]
bosaardbei (de)	strawberi	[stroberi]
blauwe bosbes (de)	buah bilberi	[buah bilberi]

145. Bloemen. Planten

bloem (de)	bunga	[buŋa]
boeket (het)	jambak bunga	[dʒambak buŋa]
roos (de)	mawar	[mavar]
tulp (de)	tulip	[tulip]
anjer (de)	bunga teluki	[buŋa tɛluki]
gladiool (de)	bunga gladiola	[buŋa gladiola]
korenbloem (de)	bunga butang	[buŋa butaŋ]
klokje (het)	bunga loceng	[buŋa lotʃɛŋ]
paardenbloem (de)	dandelion	[dandelion]
kamille (de)	bunga camomile	[buŋa kɛmomajl]
aloë (de)	lidah buaya	[lidah buaja]
cactus (de)	kaktus	[kaktus]
ficus (de)	pokok ara	[pokok ara]
lelie (de)	bunga lili	[buŋa lili]
geranium (de)	geranium	[geranium]
hyacint (de)	bunga lembayung	[buŋa lɛmbajuŋ]
mimosa (de)	bunga semalu	[buŋa sɛmalu]
narcis (de)	bunga narsisus	[buŋa narsisus]
Oost-Indische kers (de)	bunga nasturtium	[buŋa nasturtium]
orchidee (de)	anggerik, okid	[aŋgrik], [okid]
pioenroos (de)	bunga peony	[buŋa peoni]
viooltje (het)	bunga violet	[buŋa violet]
driekleurig viooltje (het)	bunga pansy	[buŋa pɛnsi]
vergeet-mij-nietje (het)	bunga jangan lupakan daku	[buŋa dʒaŋan lupakan daku]
madeliefje (het)	bunga daisi	[buŋa dajsi]
papaver (de)	bunga popi	[buŋa popi]
hennep (de)	hem	[hem]
munt (de)	mint	[mint]
lelietje-van-dalen (het)	lili lembah	[lili lɛmbah]
sneeuwklokje (het)	bunga titisan salji	[buŋa titisan saldʒi]
brandnetel (de)	netel	[netel]
veldzuring (de)	sorrel	[sorel]
waterlelie (de)	bunga telepok	[buŋa tɛlepok]
varen (de)	paku-pakis	[paku pakis]
korstmos (het)	liken	[liken]
oranjerie (de)	rumah hijau	[rumah hidʒau]
gazon (het)	lon	[lon]
bloemperk (het)	batas bunga	[batas buŋa]
plant (de)	tumbuhan	[tumbuhan]
gras (het)	rumput	[rumput]
grasspriet (de)	sehelai rumput	[sɛhelaj rumput]

blad (het)	daun	[daun]
bloemblad (het)	kelopak	[kɛlopak]
stengel (de)	batang	[bataŋ]
knol (de)	ubi	[ubi]
scheut (de)	tunas	[tunas]
doorn (de)	duri	[duri]
bloeien (ww)	berbunga	[bɛrbuŋa]
verwelken (ww)	layu	[laju]
geur (de)	bau	[bau]
snijden (bijv. bloemen ~)	memotong	[mɛmotoŋ]
plukken (bloemen ~)	memetik	[mɛmɛtik]

146. Granen, graankorrels

graan (het)	biji-bijian	[bidʒi bidʒian]
graangewassen (mv.)	padi-padian	[padi padian]
aar (de)	bulir	[bulir]
tarwe (de)	gandum	[gandum]
rogge (de)	rai	[raj]
haver (de)	oat	[oat]
gierst (de)	sekoi	[sɛkoj]
gerst (de)	barli	[barli]
maïs (de)	jagung	[dʒaguŋ]
rijst (de)	beras	[bras]
boekweit (de)	bakwit	[bakvit]
erwt (de)	kacang sepat	[katʃaŋ sɛpat]
nierboon (de)	kacang buncis	[katʃaŋ buntʃis]
soja (de)	kacang soya	[katʃaŋ soja]
linze (de)	kacang lentil	[katʃaŋ lentil]
bonen (mv.)	kacang	[katʃaŋ]

LANDEN. NATIONALITEITEN

147. West-Europa

Europa (het)	**Eropah**	[eropa]
Europese Unie (de)	**Kesatuan Eropah**	[kesatuan eropa]
Oostenrijk (het)	**Austria**	[ostria]
Groot-Brittannië (het)	**Great Britain**	[grejt britɛn]
Engeland (het)	**Inggeris**	[iŋgris]
België (het)	**Belgium**	[beldʒem]
Duitsland (het)	**Jerman**	[dʒerman]
Nederland (het)	**Belanda**	[blanda]
Holland (het)	**Belanda**	[blanda]
Griekenland (het)	**Greece**	[gris]
Denemarken (het)	**Denmark**	[denmark]
Ierland (het)	**Ireland**	[ajɛlɛnd]
IJsland (het)	**Iceland**	[ajslɛnd]
Spanje (het)	**Sepanyol**	[spanjol]
Italië (het)	**Itali**	[itali]
Cyprus (het)	**Cyprus**	[sajprɛs]
Malta (het)	**Malta**	[malta]
Noorwegen (het)	**Norway**	[norvej]
Portugal (het)	**Portugal**	[portugal]
Finland (het)	**Finland**	[finlɛnd]
Frankrijk (het)	**Perancis**	[prantʃis]
Zweden (het)	**Sweden**	[svidɛn]
Zwitserland (het)	**Switzerland**	[svizelɛnd]
Schotland (het)	**Scotland**	[skotlɛnd]
Vaticaanstad (de)	**Vatican**	[vɛtiken]
Liechtenstein (het)	**Liechtenstein**	[lihtenstajn]
Luxemburg (het)	**Luxembourg**	[laksemburg]
Monaco (het)	**Monaco**	[monekou]

148. Centraal- en Oost-Europa

Albanië (het)	**Albania**	[albania]
Bulgarije (het)	**Bulgaria**	[bulgaria]
Hongarije (het)	**Hungary**	[haŋɛri]
Letland (het)	**Latvia**	[latvia]
Litouwen (het)	**Lithuania**	[lituania]
Polen (het)	**Poland**	[polɛnd]

Roemenië (het)	Romania	[romania]
Servië (het)	Serbia	[serbia]
Slowakije (het)	Slovakia	[slovakia]

Kroatië (het)	Croatia	[krouɛjʃa]
Tsjechië (het)	Republik Czech	[republik tʃeh]
Estland (het)	Estonia	[estonia]

Bosnië en Herzegovina (het)	Bosnia-Herzegovina	[bosnia hɛttsigovina]
Macedonië (het)	Macedonia	[masedonia]
Slovenië (het)	Slovenia	[slovenia]
Montenegro (het)	Montenegro	[montenegro]

149. Voormalige USSR landen

| Azerbeidzjan (het) | Azerbaijan | [azerbajdʒan] |
| Armenië (het) | Armenia | [armenia] |

Wit-Rusland (het)	Belarus	[belarus]
Georgië (het)	Georgia	[dʒodʒia]
Kazakstan (het)	Kazakhstan	[kazahstan]
Kirgizië (het)	Kirgizia	[kirgizia]
Moldavië (het)	Moldavia	[moldavija]

| Rusland (het) | Rusia | [rusia] |
| Oekraïne (het) | Ukraine | [jukrejn] |

Tadzjikistan (het)	Tajikistan	[tadʒikistan]
Turkmenistan (het)	Turkmenistan	[turkmenistan]
Oezbekistan (het)	Uzbekistan	[uzbekistan]

150. Azië

Azië (het)	Asia	[asia]
Vietnam (het)	Vietnam	[vjetnam]
India (het)	India	[india]
Israël (het)	Israel	[izrael]

China (het)	China	[tʃina]
Libanon (het)	Lubnan	[lubnan]
Mongolië (het)	Mongolia	[moŋolia]

| Maleisië (het) | Malaysia | [malajsia] |
| Pakistan (het) | Pakistan | [pakistan] |

Saoedi-Arabië (het)	Saudi Arabia	[saudi arabia]
Thailand (het)	Thailand	[tailand]
Taiwan (het)	Taiwan	[tajvan]
Turkije (het)	Turki	[turki]
Japan (het)	Jepun	[dʒepun]
Afghanistan (het)	Afghanistan	[afɣanistan]
Bangladesh (het)	Bangladesh	[baŋladeʃ]

Indonesië (het)	**Indonesia**	[indonesia]
Jordanië (het)	**Jordan**	[dʒodɛn]
Irak (het)	**Iraq**	[irak]
Iran (het)	**Iran**	[iran]
Cambodja (het)	**Kemboja**	[kembodʒa]
Koeweit (het)	**Kuwait**	[kuvejt]
Laos (het)	**Laos**	[laos]
Myanmar (het)	**Myanmar**	[mjanmar]
Nepal (het)	**Nepal**	[nepal]
Verenigde Arabische Emiraten	**Emiriah Arab Bersatu**	[ɛmiria arab bɛrsatu]
Syrië (het)	**Syria**	[siria]
Palestijnse autonomie (de)	**Palestine**	[palestin]
Zuid-Korea (het)	**Korea Selatan**	[korea sɛlatan]
Noord-Korea (het)	**Korea Utara**	[korea utara]

151. Noord-Amerika

Verenigde Staten van Amerika	**Amerika Syarikat**	[amerika çarikat]
Canada (het)	**Kanada**	[kanada]
Mexico (het)	**Mexico**	[meksiko]

152. Midden- en Zuid-Amerika

Argentinië (het)	**Argentina**	[argentina]
Brazilië (het)	**Brazil**	[brazil]
Colombia (het)	**Colombia**	[kolombia]
Cuba (het)	**Cuba**	[kjuba]
Chili (het)	**Chile**	[tʃili]
Bolivia (het)	**Bolivia**	[bolivia]
Venezuela (het)	**Venezuela**	[venezuela]
Paraguay (het)	**Paraguay**	[paraguaj]
Peru (het)	**Peru**	[peru]
Suriname (het)	**Suriname**	[surinam]
Uruguay (het)	**Uruguay**	[uruguaj]
Ecuador (het)	**Ecuador**	[ɛkuador]
Bahama's (mv.)	**Kepulauan Bahamas**	[kɛpulawan bahamas]
Haïti (het)	**Haiti**	[hejiti]
Dominicaanse Republiek (de)	**Republik Dominika**	[republik dominika]
Panama (het)	**Panama**	[panama]
Jamaica (het)	**Jamaica**	[dʒamajka]

153. Afrika

Egypte (het)	**Mesir**	[mɛsir]
Marokko (het)	**Maghribi**	[maɣribi]
Tunesië (het)	**Tunisia**	[tunisia]
Ghana (het)	**Ghana**	[ɣana]
Zanzibar (het)	**Zanzibar**	[zanzibar]
Kenia (het)	**Kenya**	[kenia]
Libië (het)	**Libya**	[libia]
Madagaskar (het)	**Madagascar**	[madagaskar]
Namibië (het)	**Namibia**	[namibia]
Senegal (het)	**Senegal**	[senegal]
Tanzania (het)	**Tanzania**	[tanzania]
Zuid-Afrika (het)	**Afrika Selatan**	[afrika sɛlatan]

154. Australië. Oceanië

Australië (het)	**Australia**	[australia]
Nieuw-Zeeland (het)	**New Zealand**	[nju zilɛnd]
Tasmanië (het)	**Tasmania**	[tasmania]
Frans-Polynesië	**Polinesia Perancis**	[polinesia prantʃis]

155. Steden

Amsterdam	**Amsterdam**	[amsterdam]
Ankara	**Ankara**	[aŋkara]
Athene	**Athens**	[ɛtinz]
Bagdad	**Baghdad**	[baɣdad]
Bangkok	**Bangkok**	[baŋkok]
Barcelona	**Barcelona**	[barselona]
Beiroet	**Beirut**	[bejrut]
Berlijn	**Berlin**	[berlin]
Boedapest	**Budapest**	[budapest]
Boekarest	**Bucharest**	[bukarest]
Bombay, Mumbai	**Mumbai**	[mumbaj]
Bonn	**Bonn**	[bon]
Bordeaux	**Bordeaux**	[bordo]
Bratislava	**Bratislava**	[bratislava]
Brussel	**Brussels**	[brasels]
Caïro	**Kaherah**	[kaherah]
Calcutta	**Kolkata**	[kolkata]
Chicago	**Chicago**	[tʃikago]
Dar Es Salaam	**Dar-es-Salam**	[dar es salam]
Delhi	**Delhi**	[deli]
Den Haag	**The Hague**	[hejg]

Dubai	**Dubai**	[dubaj]
Dublin	**Dublin**	[dablin]
Düsseldorf	**Düsseldorf**	[djusseldorf]
Florence	**Florence**	[florens]
Frankfort	**Frankfurt**	[fraŋkfurt]
Genève	**Geneva**	[dʒiniva]
Hamburg	**Hamburg**	[hamburg]
Hanoi	**Hanoi**	[hanoj]
Havana	**Havana**	[havana]
Helsinki	**Helsinki**	[helsiŋki]
Hiroshima	**Hiroshima**	[hiroʃima]
Hongkong	**Hong Kong**	[hoŋ koŋ]
Istanbul	**Istanbul**	[istanbul]
Jeruzalem	**Baitulmuqaddis**	[bajtulmukadis]
Kiev	**Kiev**	[kiev]
Kopenhagen	**Copenhagen**	[koupinhejgen]
Kuala Lumpur	**Kuala Lumpur**	[kuala lumpur]
Lissabon	**Lisbon**	[lisbon]
Londen	**London**	[landon]
Los Angeles	**Los Angeles**	[los andʒiliz]
Lyon	**Lyons**	[lion]
Madrid	**Madrid**	[madrid]
Marseille	**Marseille**	[marsɛ]
Mexico-Stad	**Mexico City**	[meksiko siti]
Miami	**Miami**	[majami]
Montreal	**Montréal**	[montriol]
Moskou	**Moscow**	[moskou]
München	**Munich**	[mjunik]
Nairobi	**Nairobi**	[najrobi]
Napels	**Naples**	[nɛjplz]
New York	**New York**	[nju jork]
Nice	**Nice**	[nis]
Oslo	**Oslo**	[oslo]
Ottawa	**Ottawa**	[otava]
Parijs	**Paris**	[pɛris]
Peking	**Beijing**	[bejdʒiŋ]
Praag	**Prague**	[prag]
Rio de Janeiro	**Rio de Janeiro**	[rio de dʒanejro]
Rome	**Rome**	[roum]
Seoel	**Seoul**	[seul]
Singapore	**Singapura**	[siŋapura]
Sint-Petersburg	**Saint Petersburg**	[sejnt pitersburg]
Sjanghai	**Shanghai**	[ʃaŋɣaj]
Stockholm	**Stockholm**	[stoχolm]
Sydney	**Sydney**	[sidni]
Taipei	**Taipei**	[tajpej]
Tokio	**Tokyo**	[tokio]
Toronto	**Toronto**	[toronto]

Venetië	**Venice**	[venis]
Warschau	**Warsaw**	[varso]
Washington	**Washington**	[vaʃiŋton]
Wenen	**Vienna**	[viena]

www.ingramcontent.com/pod-product-compliance
Lightning Source LLC
Chambersburg PA
CBHW070558050426
42450CB00011B/2902